Rhetorik & Kommunikation

di

DIETER-W. UND WALTRAUD ALLHOFF

unter Mitarbeit von Brigitte Teuchert
Illustrationen: Helmut Heimmerl

RHETORIK & KOMMUNIKATION

7. Auflage

bvs

bayerischer verlag für sprechwissenschaft
regensburg

ZU DEN AUTOREN:

Dieter-W. Allhoff, Dr. phil., Sprecherzieher (DGSS)
und Logopäde, lehrt seit 1969 an der Universität Regensburg.

Waltraud Allhoff, Logopädin und Dipl.-Sozialpädagogin (FH), unterhält
in Regensburg eine eigene Praxis für Logopädie und Sprechpädagogik.

Beide Autoren sind seit 1967 in der Erwachsenenbildung tätig.
Tel.: (0 94 02) 63 10 und (09 41) 5 15 11

ISBN 3-922757-22-7
© 1988 bayerischer verlag für sprechwissenschaft regensburg

Herstellung:
Druckerei Millizer GmbH & Co. Druck und Verlag KG, Hilpoltstein

Vorwort

**Rhetorische Schulung
will kein uniformes Rede- oder Gesprächsverhalten bewirken, sondern variables, der jeweiligen Situation und
der Persönlichkeit des einzelnen angemessenes sprech-
sprachliches Verhalten ermöglichen. Rhetorische Schulung sollte immer die Verbesserung zwischenmensch-
licher Kommunikation zum Ziel haben. Deshalb heißt der
Titel dieses Buches: »Rhetorik und Kommunikation«.**

Ziel angewandter Rhetorik ist es, durch Information und Training die kommunikative Leistung jedes einzelnen Seminarteilnehmers zu fördern und evtl. Sprechhemmungen abzubauen:

△ **damit Sie sagen können, was Sie meinen;**
△ **damit Ihre Gesprächspartner Ihre Gedanken verstehen und mit Ihnen diskutieren können;**
△ **damit Sie Argumente besser erkennen und selbst
effektiver argumentieren;**
△ **damit Sie lernen, Ihrem Gesprächspartner besser
zuzuhören;**
△ **damit Rede und Gespräch letztlich zu Verständigung und gegenseitiger Hilfe führen und das
heißt zu echter Kommunikation.**

Durch die Teilnahme an einem Rhetorik-Seminar werden Voraussetzungen geschaffen, das eigene Verhalten in Gesprächs- und Redesituationen bewußt und selbstkritisch zu kontrollieren und – wenn gewünscht – verbessern zu lernen.

Dieses Buch
enthält eine Zusammenfassung des Stoffes, der in Seminaren zur angewandten Rhetorik besprochen und trainiert wird. Das Buch ist vor allem als seminarbegleitende Information und Arbeitsunterlage konzipiert; es kann den Besuch eines Seminars nicht ersetzen. Es soll die Erinnerung an das gemeinsam Erarbeitete erleichtern und Anregungen für weitere Arbeit geben. Diesem Ziel dienen auch die über die Seminararbeit hinausgehenden Informationen, Arbeitsblätter und Literaturhinweise, die ein systematisches Weiterstudium ermöglichen.

Inhalt

1   **Zur Bedeutung angewandter Rhetorik**   15
    ARBEITSBLATT I: Ihre persönliche Einstellung   19

2   **SPRECHER / REDNER**   21

2.1   **Bedeutung und Funktion des nonverbalen**   22
      Ausdrucks
      ARBEITSBLATT II: Nonverbales Verhalten   31

2.1.1   Visueller Kanal. Sichtbare Signale   33
        A. Körpersprache (Kinesik)   33
           Haltung und Auftreten   34
           Gestik   36
           Mimik   38
           Blickkontakt   39
        B. Räumliches Verhalten (Proxemik)   41

2.1.2   Taktiler Kanal. Körperliche Kontaktaufnahme   43

2.1.3   Auditiver Kanal. Hörbare Signale   45
        Stimme   45
        Aussprache (Artikulation)   48
        Betonung (Akzentuierung)   50
           1. Lautstärke   51
           2. Sprechgeschwindigkeit   51
           3. Sprechmelodie   52
        ARBEITSBLATT III: Stimmlicher Ausdruck   54

2.1.4   Interkulturelle Aspekte nonverbalen Verhaltens   55

2.2   **Engagement**   57

2.3   **Lampenfieber und Sprechhemmungen**   59

2.4   **Atmung und Sprechen**   67
     BEOBACHTUNGSBOGEN: 73
     NONVERBALES VERHALTEN

3   **REDE**   77

3.1   **Verständlichkeit**   79

3.1.1   Gliederung und Ordnung   81
     Der Überblick am Anfang   81
     Innere Gliederung; Gedankengang   82
     Äußere Ordnung   82
     Zusammenfassungen   83

3.1.2   Einfachheit des Ausdrucks   85
     Satzlänge und Satzbau   85
     Fremd- und Fachwortgebrauch   86
     Konkretheit der Sprache   87

3.1.3   Auswahl der Information   89

3.1.4   Anregung und Interesse   91
     a) Hörer- und Situationsbezug   91
     b) Beispiele und Vergleiche   92
     c) Sprachliche Gestaltung   92

3.1.5   Visuelle Hilfsmittel   93

3.1.6   Hörergerechte Darbietung   95

3.1.7   Sprechweise   97
     ARBEITSBLATT IV: Verständliches Sprechen   99

3.2   **Rede-Gliederungen**   101

3.2.1   Antike Gliederungen   103

3.2.2   Meinungsrede   105

3.2.3   AIDA-Formel   107

3.2.4   Verhandlungsrede. Persuasive Disposition   109

3.2.5   Sachvortrag, Referat   113

3.2.6   Informative Kurzrede   117

3.2.7   Argumentative Kurzrede   119
         ARBEITSBLATT V: Strukturiertes Sprechen   125

3.2.8   Rede-Einstieg   127
         ARBEITSBLATT VI: Rede-Einstieg   131

3.2.9   Redeschluß und Zwecksatz   133

3.3   **Stichwortkonzept**   135
         ARBEITSBLATT VII: Stichwortkonzept   139

3.4   **Rhetorische Stilmittel**   141
         ARBEITSBLATT VIII: Rhetorische Stilmittel   145

3.5   **Sprechdenken**   147
         ARBEITSBLATT IX: Sprechdenken   149
         BEOBACHTUNGSBOGEN: REDEANALYSE   151

4   **ARGUMENTATION UND MANIPULATION**   155

4.1   **Argumentationsfiguren**   157

I. Faktische Argumentation 157
II. Plausibilitäts-Argumentation 159
III. Moralische Argumentation 160
IV. Emotionale Argumentation 161
V. Taktische Argumentation 162
ARBEITSBLATT X: Argumentationsfiguren 165

4.2 **Argumentationsziele** 167
I. Kooperative Argumentation 167
II. Strategische Argumentation 167
ARBEITSBLATT XI: Argumentationsziele 171

5 **GESPRÄCH, DISKUSSION, VERHANDLUNG** 173

5.1 **Sach-orientierte Gespräche** 175

5.1.1 Ablauf eines Sachgesprächs (z.B. Besprechung) 177
ARBEITSBLATT XVII: Strukturierungsphase 181

5.1.2 Konferenzleitung 183
Ablauf 183
Hinweise für Konferenzteilnehmer 187

5.1.3 Gesprächsleiterverhalten 189
ARBEITSBLATT XIII: Zusammenfassung 193

5.1.4 Verhandlung 195
Grundsätze der Verhandlungsführung 196
Verhandlungstechniken 199
ARBEITSBLATT XIV: Verhandeln 205

5.1.5 Problemlösungsgespräch 207

5.2 **Fragetechniken** 211

5.3 **Non-direktives Gesprächsverhalten** 219
1. Engagiertes Zuhören 221
2. Rückmeldung der Partneräußerung 222
(Paraphrasieren)
3. Ansprechen der Beziehungs- und 222
Gefühlsebene
ARBEITSBLATT XV: Zuhören 225

5.4 **Partner-orientierte Gespräche** 229

5.4.1 Non-direktives Interview 231

5.4.2 Beratungsgespräch 233
ARBEITSBLATT XVI: Beratungsgespräch 235

5.4.3 Kritikgespräch 237

5.4.4 Feedback 241

5.5 **TZI: Themenzentrierte Interaktionelle** 243
Methode

5.6 **Kommunikationsstile** 249

5.7 **Gesprächsanalyse** 253

5.7.1 Fragen zur Gesprächsbeobachtung 253

5.7.2 Interaktions-Soziogramme 255
ARBEITSBLATT XVIII: Interaktions-Soziogramm 259

6 WEITERBILDUNG NACH DEM RHETORIK-SEMINAR 260

.... statt eines Nachwortes 262

7 LITERATUR ZUM WEITERSTUDIUM 265

8 ZITIERTE UND VERTIEFENDE FACHLITERATUR 268

9 STICHWORTVERZEICHNIS 271

Sprechen und Zuhören bestimmen unser Leben:

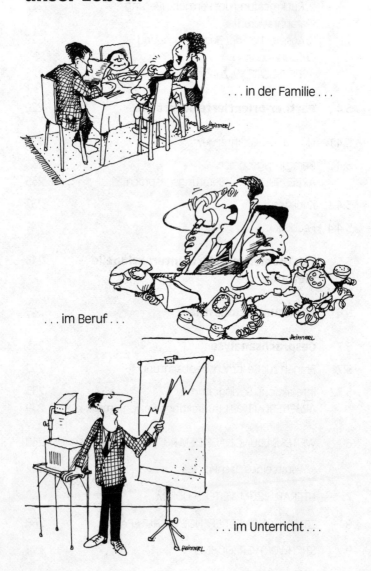

. . . in der Familie . . .

. . . im Beruf . . .

. . . im Unterricht . . .

. . . in der Politik . . .

. . . in der Besprechung . . .

. . . auf der Straße . . .

**Vergiß nicht,
daß Dein Satz eine Tat ist.**

(Antoine de Saint-Exupéry)

**Wer so spricht,
daß er verstanden wird,
spricht gut.**

(Molière)

**Einmal entsandt,
fliegt das Wort unwiderruflich dahin.**

(Horaz, Episteln I, 18, 71)

1
Zur Bedeutung angewandter Rhetorik

RHETORIK –
oft mißverstanden als 'Kunst der Schönrederei' oder der 'manipulativen Überredung'.

Die Kritik an so mißverstandener Rhetorik hat Tradition: von Platon über Kant bis heute; und manches populäre Hand- oder Taschenbuch zur Rhetorik bestätigt dieses Vorurteil.

Dennoch:
Rhetorik, wie sie hier verstanden wird, hat
△ selten etwas mit 'schönem Reden',
△ nicht immer etwas mit 'Überreden' und
△ fast nie etwas mit 'Kunst' zu tun.

Zu anderen oder mit anderen überlegt, gezielt und intendiert zu sprechen, zu reden, zu diskutieren, zu debattieren, zu verhandeln, ist keine Kunst, sondern die Notwendigkeit, Informationen zu empfangen und weiterzugeben, Probleme kooperativ zu lösen, sich mit anderen zu verständigen, zwischenmenschliche Beziehungen herzustellen und zu erhalten: genau das sind Inhalte und Ziele angewandter Rhetorik.

△ Unter Rhetorik versteht man Theorie und Praxis mündlicher Kommunikation.
△ Unter angewandter Rhetorik verstehen wir im engeren Sinn die Rede- und Gesprächspädagogik.

Wir alle haben ein Bildungssystem durchlaufen, das meist großen Wert auf schriftliche Verständigung legte, mündliche Kommunikation aber weitgehend vernachlässigte; in der beruflichen Aus- und Fortbildung fand vor Jahren zuerst ein Prozeß des Umdenkens statt.

Aufgrund mangelnder rhetorischer Schulung und oft nur geringer Übung zeigen viele Gespräche erst sehr spät ein Ergebnis (oder auch gar keines), verstehen wir einander häufig nicht, ist die Fähigkeit einzelner, ihre Gedanken auszudrücken und durchzusetzen, so unterschiedlich, fällt es uns schwer, fundiert zu argumentieren und – last, not least – zuzuhören.

Für das Sprechen in oder vor größerem Kreis oder mit sog. Autoritäten (Vorgesetzten oder Professoren z.B.) kommt für die meisten noch etwas erschwerend hinzu: das **Phänomen Lampenfieber**, das viele oft erst gar nicht das sagen läßt, was sie sagen möchten und sollten. Unsere sprachlichen Möglichkeiten bestimmen auch unsere privaten, gesellschaftlichen und beruflichen Möglichkeiten; **d.h.: sprachliche ist immer auch soziale Kompetenz.** Grund genug, Seminare zur angewandten Rhetorik anzubieten bzw. zu besuchen.

Vier Erfahrungen führten uns zur Beschäftigung mit angewandter Rhetorik:

1. Wir sind auf das gemeinsame Gespräch angewiesen. Das gilt im Kleinen wie im Großen, in Partnerschaft und Familie ebenso wie in Beruf und Gesellschaft. Gespräche, Verhandlungen, Besprechungen, Telefonate, Konferenzen, der Dialog mit dem Partner etc. machen einen wesentlichen Anteil des täglichen Lebens aus. Darauf wurden die meisten nicht ausreichend vorbereitet.

2. Was man sagt, ist oft nicht identisch mit dem, was man sagen wollte.

3. Was der Gesprächspartner bzw. Zuhörer aufnimmt, ist nicht immer identisch mit dem wirklich Gesagten. Man wählt die Information aus, man hört selektiv.

4. Richtiges setzt sich nicht allein durch, weil es richtig ist; es muß anderen auch als richtig erklärt werden können. Oder wie es Gerd OTTO (1976, 9) ausdrückt:

> Wahrheit ist nicht zu haben ohne den Prozeß der Wahrheitsfindung und der Mitteilung von Wahrheit. Was wahr ist, ist nicht per se wahr, sondern in Auseinandersetzung mit dem, was unwahr ist, und es ist wahr für die, denen ich es mitteilen will. Mit dem Weg, auf dem ich Wahrheit finde, und mit der Weise, sie andern mitzuteilen, damit es ihre Wahrheit werde, hat es Rhetorik zu tun.

Um das eigene Sprechen im Sinne einer befriedigenderen Kommunikation zu verbessern, muß man rhetorische Prozesse erkennen lernen, man muß um die Techniken der Kommunikation wissen und das Umsetzen in die Praxis geübt haben; **man muß den Schritt wagen vom Wissen zum Können.**

**Poeta nascitur,
Orator fit.**

Ein Dichter wird geboren,
ein Redner wird gemacht.

Arbeitsblatt I
Ihre persönliche Einstellung zu diesem Seminar

Beantworten Sie für sich die folgenden Fragen und notieren Sie kurz die für Sie wichtigen Punkte.

1) Wo liegen Ihrer Erfahrung nach die Hauptprobleme beim Reden und Diskutieren?

2) Welche dieser Probleme sind für Sie in diesem Seminar wichtig? Mit welchen Erwartungen – und vielleicht auch Befürchtungen – kommen Sie in dieses Seminar?
Was wollen Sie lernen?

2
Sprecher/Redner

Wer spricht, sagt nicht nur WAS er sagt; durch seine Sprechweise, sein gesamtes sprachliches und nicht-sprachliches Verhalten übermittelt er dem Zuhörer bzw. Gesprächspartner
zusätzliche (und oft die entscheidenden) Informationen:

△ etwa über seine Einstellung zum Thema;

△ über seine Gestimmtheit,

△ über sein Verhältnis zum Gesprächspartner und
vieles mehr.

Der Sprecher »sendet« neben sprachlichen Zeichen verschiedene nicht-sprachliche Signale. Der Zuhörer bzw. Gesprächspartner »empfängt« diese Signale (wenn auch zumeist nicht
bewußt) und wird in seinem Kommunikationsverhalten und
seiner weiteren Einstellung zum Sprecher und zu dem, was er
sagt, erheblich von diesen nicht-sprachlichen Signalen beeinflußt.

Zahlreiche und heute kaum noch zu überschauende wissen-
schaftliche Arbeiten haben die Bedeutung dieser sog. »nonverbalen« Kommunikationsanteile bestätigt (vgl. vor allem
SCHERER/WALLBOTT 1979, ARGYLE 1979 und SCHERER 1982).

Bevor wir uns deshalb mit speziellen Problemfeldern der Rhetorik beschäftigen, der Rede, der Argumentation und dem
Gespräch (in Kapitel 3 – 5), soll zu Beginn dieses Buches all das
behandelt werden, was die Ausdrucksmöglichkeiten des Sprechers bzw. der Sprecherin selbst betrifft.

2.1
Bedeutung und Funktion
des nonverbalen Ausdrucks

»Wir sprechen mit unseren Stimmorganen, aber wir reden mit unserem ganzen Körper«. (ABERCOMBIE)

Bei jedem Zueinander- und Miteinandersprechen lassen sich außer dem gesprochenen Text verschiedene Kommunikationsanteile unterscheiden, die erst gemeinsam menschliche Kommunikation ausmachen. In gängiger Terminologie kann man zwischen »verbaler« und »nonverbaler« Kommunikation unterscheiden. Der Begriff NONVERBALER AUSDRUCK umfaßt verschiedene Äußerungsmöglichkeiten des Menschen, die nicht im engen Sinn sprachlich, d.h. »verbal« sind (siehe Abb. S. 24).

Dieser nonverbale Ausdruck umfaßt »Sichtbares« wie »Hörbares«. (Manche Linguisten unterscheiden deshalb zwischen »verbal«, »extraverbal« und »paraverbal«.)

Im einzelnen verstehen wir darunter:
△ Körperhaltung und -bewegung; vgl. S. 34
△ Gestik; vgl. S. 36
△ Mimik; vgl. S. 38
△ Blickkontakt; vgl. S. 39
   (häufig zusammengefaßt unter den Begriffen »Körpersprache« oder »Kinesik«)

△ Distanzverhalten; vgl. S. 43
△ Körperorientierung; vgl. S. 41

△ Bewegungen im Raum; vgl. S. 41
(häufig zusammengefaßt unter den Begriffen
»Räumliches Verhalten« oder »Proxemik«)

△ aktive und passive körperliche Kontaktaufnahme, hier
eingeschränkt: in mündlichen Kommunikationssituationen; vgl. S. 43
(häufig zusammengefaßt unter dem Begriff »Taktile
Kommunikation«)

△ Stimme, Stimmklang; vgl. S. 45
△ Aussprache, Dialekt etc.; vgl. S. 48
△ Betonung; vgl. S. 50
(häufig zusammengefaßt unter den Begriffen
»Stimmlicher Ausdruck« oder »Prosodik«)

Die im engen Sinn »nichtsprachlichen Kommunikationsanteile«
übermitteln wesentliche Informationen; sprachliche Information (also der eigentliche »Text«) ist oft nur im Zusammenhang
mit Nonverbalem richtig zu verstehen. Deshalb muß ein rhetorisches Training, das sich etwa allein auf Redegestaltung, Redeaufbau, Argumentation, Dialektik etc. beschränkt, insgesamt
wirkungslos bleiben. Gesprächs- und Redefähigkeit läßt sich nur
im Zusammenspiel aller Kommunikationsanteile verbessern.

**Rhetorische Kommunikation umfaßt immer beides:
VERBALES und NONVERBALES.**
Alle Kommunikationskanäle stehen in so engem Zusammenhang, daß SCHERER (1982, 167) feststellt, ohne diese nonverbale
Information wären »flexible Verhaltensreaktionen und kom-
plexe soziale Interaktionen nicht möglich«, d.h., wir Menschen
könnten ohne das Zusammenspiel all dieser Ausdrucksmöglichkeiten gar nicht miteinander umgehen.
Nonverbale Zeichen erfüllen innerhalb eines Kommunikations-
prozesses verschiedene Funktionen (z. T. beim Sprecher, z. T.
beim Hörer):

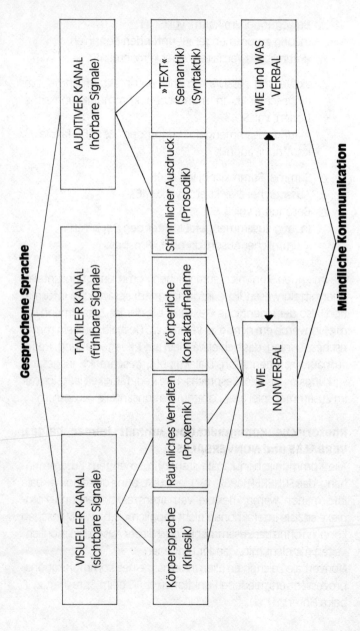

Gesprochene Sprache

VISUELLER KANAL
(sichtbare Signale)

TAKTILER KANAL
(fühlbare Signale)

AUDITIVER KANAL
(hörbare Signale)

Körpersprache
(Kinesik)

Räumliches Verhalten
(Proxemik)

Körperliche
Kontaktaufnahme

Stimmlicher Ausdruck
(Prosodik)

»TEXT«
(Semantik)
(Syntaktik)

WIE
NONVERBAL

WIE und WAS
VERBAL

Mündliche Kommunikation

1. Sie begleiten und unterstützen die sprachliche Äußerung. (Man spricht von der Kongruenz der einzelnen Kommunikationsebenen.)

Z.B. Handbewegungen, die etwas unterstreichen; das Anheben der Stimme bei wichtigen Mitteilungen. Die Worte werden also stimmlich und körpersprachlich unterstrichen, bestätigt.

2. Sie schwächen eine sprachliche Äußerung ab.

Z.B. freundlicher Ton beim Erteilen einer unmißverständlichen Rüge. Durch nonverbale Anteile werden Mitteilungen oft weit feiner differenziert als durch »viele Worte«.

3. Sie verstärken eine sprachliche Äußerung.

Z.B. kann durch die Sprechweise eine Bitte zum Befehl werden.

4. Sie widersprechen einer sprachlichen Äußerung, es kommt zum Widerspruch auf verschiedenen Kommunikationskanälen. (Man spricht auch von Inkongruenz.)

Diese meist nicht bewußten Widersprüche können durchaus im Sinne des Sprechers sein. Ein Beispiel: Einem unerwarteten Besucher wird die Tür geöffnet. Verbale Kommunikation: »Du bist es, komm doch herein«. Nonverbale Kommunikation: Der Besuchte bleibt für einige Sekunden in der Tür stehen und drückt damit aus: »Eigentlich ist es mir nicht ganz recht . . .« In der Regel wird die nonverbale Botschaft richtig verstanden. (Besucher: »Nein, ich wollte nicht hereinkommen . . .«)

Der Widerspruch kann aber auch **nicht** im Sinne des Sprechers sein, wenn er sich durch die innere Einstellung ergibt; das in der geschichtlichen Entwicklung des Menschen (phylogenetisch) ältere System ist offensichtlich der Kontrolle stärker entzogen. Es ist nicht immer leicht, die Kontrolle über alle Kommunikationskanäle zu behalten, so daß etwa

△ Sympathie/Antipathie

△ Interesse/Desinteresse

△ Ehrlichkeit/Unehrlichkeit etc.

durch Nonverbales (wie Körperhaltung, Stimmlage, Blickverhalten, Mimik) deutlich werden. Nonverbales Verhalten kann innere Einstellung »verraten«. (Verbales Lügen ist leichter als nonverbales.)

Daneben gibt es für die angewandte Rhetorik bedeutsame Situationen, in denen ein Gesprächspartner bzw. Zuhörer nonverbale Signale **falsch interpretiert** und zu einer vielleicht nicht angemessenen Reaktion kommt.

So führt z.B. situative Unsicherheit (Lampenfieber) häufig zu widersprüchlichen Signalen (Inkongruenz), die Kommunikationsprozesse erheblich behindern können. Zeichen von Lampenfieber können als Unsicherheit in der Sache interpretiert werden und so (sachlich vielleicht völlig unbegründet!) zu einem Verlust der Glaubwürdigkeit des Sprechers führen; oder umgekehrt: der Sprecher kompensiert seine Unsicherheit durch besonders forsches Auftreten, das für die Zuhörer Überheblichkeit und Arroganz signalisieren kann. In diesen Fällen sprechen wir von einem **falschen rhetorischen Signal**; »falsch« ist nicht das Signal, sondern die Interpretation.

5. Sie ersetzen eine sprachliche Äußerung.

Z.B. »Kopfschütteln« statt »Nein«. Im gleichen Kulturkreis kommt es hier selten zu Mißverständnissen.

Beim Telefonieren und im Rundfunk übernehmen die hörbaren (vokalen) Signale verstärkt die ausgefallenen visuellen Signale.

6. Sie drücken engagiertes Zuhören (oder das Gegenteil!) aus.

Im wechselseitigen Miteinandersprechen, im Gespräch, aber auch in Redesituationen ist der Kommunizierende stets von der Rückmeldung durch seine Partner (Hörer) abhängig. So finden sich – wechselseitig – in Dialogen stets nonverbale Zeichen, die dem Gesprächspartner größere oder geringere Zuhörbereitschaft signalisieren. Ähnlich ist es in Redesituationen.

7. Sie drücken die Stellungnahme des Kommunikationspartners aus.

Durch sein Verhalten drückt der Hörer bzw. Partner z.B. Verstehen oder Nicht-Verstehen aus (Kopfnicken oder Hochziehen der Brauen) oder eine Wertung (Abwenden des Blickkontaktes, Zurücklehnen, Armeverschränken, Achselzucken, um nur einige Beispiele zu nennen).

8. Sie regeln den reibungslosen Ablauf eines Dialogs.

Sie dienen der Verständigung darüber, wer spricht. Z.B. signalisieren verlangsamtes (retardierendes) Sprechen, Dehnen von Silben und Wörtern, daß der Sprechende das Wort weitergeben will; zunehmendes gestisches Verhalten hingegen oder zunehmende Lautstärke signalisieren dem Gesprächspartner den Wunsch, jetzt nicht unterbrochen zu werden.

9. Sie drücken die Gestimmtheit aus, das subjektive Befinden der Kommunikationspartner.

Beispiele hierzu sind die vielen sog. »körperorientierten Bewegungen« wie Händereiben, Spielen mit Gegenständen, Kinn reiben, Kleidung korrigieren etc., durch die Unsicherheit, Nachdenklichkeit, Freude, innere Abwesenheit, Engagement u.v.m. ausgedrückt werden.

10. Sie verdeutlichen die Beziehung zwischen den Partnern.

Durch Körperhaltung, Distanz, Lautstärke, Stimmhöhe, Blickverhalten, Kontaktaufnahme u.v.m. drückt sich das Verhältnis der Miteinander-Redenden aus: z.B. Sympathie oder Vertrautheit (etwa durch geringen Abstand, zugewandte Sitzweise); aber auch Status, Hierarchie (so wird z.B. körperlicher Kontakt, etwa »Auf-die-Schulter-Klopfen«, in der Regel immer von der höhergestellten Person ausgehen).

Diese Beispiele der 10 hauptsächlichen Funktionen nonverbaler Kommunikationsanteile verdeutlichen zweierlei:

△ Viele dieser Signale werden nicht bewußt »gesendet«, aber dennoch »empfangen«;

△ Stimme, Gesichtsausdruck, Gestik, Körperhaltung, räumliche Orientierung u.v.m. haben – zusammen mit den verbalen Äußerungen! – einen nur schwer zu **über**schätzenden Einfluß auf zwischenmenschliche Kommunikation.

RHETORISCHES TRAINING IM BEREICH NONVERBALEN VERHALTENS SOLL:

△ nonverbale Zeichen bewußtmachen; die Wahrnehmungsfähigkeit verbessern; für die nonverbalen Signale der Kommunikationspartner sensibilisieren;

△ das Beobachten der eigenen Körpersprache ermöglichen, vor allem um sog. »falsche rhetorische Signale« vermeiden zu lernen;

△ helfen, nonverbale Signale der Partner nicht vor-bewußt falsch zu interpretieren und so soziales Verhalten einzuengen.

Ein rhetorisches Beobachtungs- und Verhaltenstraining zur nonverbalen Kommunikation intensiviert und verbessert Zuhören und Verstehen, Sich-Verständigen und d.h. auch gegenseitiges Verständnis. Es führt zu gesamtsprachlicher (und damit eben auch körpersprachlicher) Echtheit und Identität des einzelnen.

Vor weiteren Ausführungen zu einzelnen nonverbalen Verhaltensweisen möchten wir noch einmal betonen:

Rhetorische Schulung hat gerade in diesem Bereich nichts mit Nachahmung oder Erlernen einer bloßen Technik zu tun.

Sprech- und Sprachverhalten sind durch die individuelle Biographie des einzelnen geprägt – und werden und müssen auch individuell verschieden bleiben.

Rhetorische Schulung will kein uniformes Redeverhalten antrainieren. Jedes sinnvolle Training von Sozialverhalten ist ein individueller Prozeß.

Bewußtmachung, Beobachtung und Eigenkontrolle mündlicher Kommunikation sind die Lernziele angewandter Rhetorik, Verhaltenssteuerung die **mögliche** Konsequenz des einzelnen Seminarteilnehmers.

Arbeitsblatt II
Nonverbales Verhalten

1) Sammeln Sie nonverbale Verhaltensweisen, die Sie bei prominenten Sprechern und Sprecherinnen (aus Politik, Kunst, Unterhaltung, Fernsehen etc.) beobachtet haben.

2) Versuchen Sie, diese Beobachtungen den genannten zehn Funktionen zuzuordnen.

Sprecher	beobachtetes nonverbales Verhalten	mögliche Funktion

2.1.1
Visueller Kanal
Sichtbare Signale

KÖRPERSPRACHE,
RÄUMLICHES VERHALTEN

A. KÖRPERSPRACHE (KINESIK)

Der visuelle Eindruck ist entscheidend für das Bild (im wörtlichen wie im übertragenen Sinn), das der Hörer vom Sprecher bzw. der Gesprächspartner vom Partner gewinnt.
Körperhaltung, Gestik, Mimik »**sagen**« dem Hörer etwas, drükken Entscheidendes aus:

△ Unsicherheit, Überlegenheit, Lässigkeit; oder
△ Verspannung, Spannung, Gelöstheit; oder
△ Gesprächsbereitschaft, Isolierung, Mißtrauen, Zurückhaltung; oder
△ Offenheit, Unehrlichkeit; oder
△ engagiertes Zuhören, gespielte Aufmerksamkeit, Desinteresse

und vieles mehr.

Zusammenfassend kann man feststellen:

Die sichtbaren Aspekte des Verhaltens übermitteln neben dem gesprochenen Text wesentliche Zusatzinformationen; außerdem steuern sie den Ablauf von Kommunikations-Situationen.

Zu den sichtbaren Signalen zählen wir:
△ Haltung und Auftreten,
△ Gestik,

△ Mimik,
△ Blickkontakt.

Haltung und Auftreten

Auf die häufigen Fragen von Seminar-Teilnehmern »Wie soll
man denn vorne stehen? Wie soll man dasitzen? Was soll man
mit den Händen beim Sprechen machen?« etc. lassen sich keine
Antworten im Sinne fester Regeln geben, auch wenn das in
manchem »populären« Rhetorik-Buch versucht wird.
Gerade auch hier darf rhetorische Schulung kein uniformes
Verhalten antrainieren (vgl. S. 29)!

Bei Übungen zur Körpersprache geht es immer

△ **erstens um Beobachtung des Verhaltens der
Kommunikationspartner,**
△ **zweitens um Eigenkontrolle (vor allem auch der
eigenen Spannung bzw. Verspannung) und erst**
△ **drittens um eigenverantwortliche Steuerung
des Verhaltens.**

Eigenkontrolle aber ist erst nach steter bewußter Beobachtung
anderer möglich. Das ist ein wichtiger Schritt eines jeden
Kommunikationstrainings. Denn gerade Körperhaltung und
Körpermotorik geben dem Kommunikationspartner wichtige
Zusatzinformationen.
So wurde zum Beispiel festgestellt, daß »stehende Personen eher eine
Haltung mit verschränkten Armen einnahmen, wenn sich beide Personen nicht mochten, als wenn sie sich mochten. Eine Person, die sich
zurücklehnt, ruft bei Männern wie bei Frauen den Eindruck, abgelehnt
zu werden, hervor, im Gegensatz zu einer Person, die sich vorbeugt … .
Jemand, der versucht, die Aufmerksamkeit anderer zu gewinnen und
bestätigt zu werden, lächelt öfter, nickt öfter mit dem Kopf und ge-
stikuliert mehr.« Eine Person wurde dann als »warm« beurteilt, »wenn
sie lächelte, direkten Blickkontakt zeigte und die Hände stillhielt.«
(Vgl. KNAPP in SCHERER/WALLBOTT, 1979, 324)
Außerdem wurden Personen mit ganz oder halb verschränkten

34

Armen als kalt, ablehnend, unnachgiebig oder schüchtern und passiv beurteilt.

(Vgl. MEHRABIAN/FRIAR in SCHERER/WALLBOTT, 1979, 188)

An dieser Stelle sei auch noch einmal das sog. »falsche rhetorische Signal« an einem Beispiel erläutert: Häufige Ursache für ein Verschränken der Arme vor der Brust ist situative Unsicherheit (Lampenfieber z.B. oder bloße Bequemlichkeit). Häufige falsche Interpretation durch die Kommunikationspartner aber: Ablehnung, Verschlossenheit etc.. Die Gefährlichkeit schneller und voreiliger Interpretation nonverbaler Signale wird hier nur einmal mehr deutlich.

Redepädagogisch wichtig ist, daß in allen hier angesprochenen Problemfeldern dem **Muskeltonus**, also dem Grad körperlicher Gespanntheit, die zentrale Rolle zukommt. Denn intellektuelle wie psychische **Über**spannung führt auch zu Verspannungen in der Körperhaltung; aber auch das Umgekehrte gilt: bewußte körperliche Entspannung (die beim Sprechen jedoch noch im Bereich notwendiger physiologischer **An**spannung liegt!), d.h. der Abbau von **Ver**spannung, kann auch innere Überspannung lösen helfen, Ruhe und damit Sicherheit geben (vgl. auch Kapitel 2.3).

MEHRABIAN stellte übrigens fest, daß dominantes Verhalten durch eine allgemeine körperliche **Entspanntheit** mitgeteilt wird. Menschen gegenüber, die von sog. »niedrigerem« Status sind, nehmen viele Personen eine entspanntere Körperhaltung ein als in der Kommunikation mit im Status Gleichgestellten (in unserem Kulturkreis übrigens auch Männer Frauen gegenüber!). Dies ist nur ein Beispiel dafür, daß sich gesellschaftliche Strukturen nicht nur im Verbalen, sondern auch im Nonverbalen widerspiegeln!

Wichtige Voraussetzung zur Kontrolle der eigenen Körpersprache ist daher das Erlernen von spannungsregulierenden Techniken, die es ermöglichen, ein Gefühl für den gegenwärtigen Spannungszustand zu bekommen und auf diesen Spannungsgrad bewußt einwirken zu können.

Aus der Flut von Büchern, Schallplatten und Cassetten zur Selbstentspannung geben wir bewußt keinen Hinweis; denn ein spannungsregulierendes Training ist sinnvoll zu erlernen nur unter fachkundiger Anleitung: z.B. eines Sprecherziehers (DGSS), Logopäden, Psychologen oder Therapeuten.

Es ist wichtig, beim Reden Körperhaltungen zu **vermeiden**, die eine Verspannung geradezu fördern:

z.B.

△ Verschränken der Arme vor der Brust,

△ Ballen der Hände zur Faust,

△ Hochziehen der Schultern,

△ Festhalten an Pult, Stuhl oder Tisch,

△ Hände auf dem Rücken oder in den Taschen

u.v.m.

Auf diese Weise kann man einer weiter zunehmenden Verspannung oft noch rechtzeitig entgegenwirken.

Zum spannungsregulierenden Training noch ein abschließendes Wort. Ein reines Entspannungstraining, zumeist mit dem Ziel der Tiefenentspannung (z.B. Autogenes Training), bringt rede- und gesprächspädagogisch zumeist keinen Nutzen. Wirklich spannungslos kann man nicht mehr kommunizieren. Es geht in der Sprechpädagogik vielmehr um den Abbau von Überspannung mit dem Ziel **situationsangemessener Gespanntheit**. Aber auch das von den Autoren entwickelte »Situative tonus-regulierende Training (STRT)« ist nur unter Anleitung erlernbar.

Gestik

Eng mit dem Grad des Muskeltonus hängt auch die sog. Gestik zusammen, das »Reden mit den Händen«.

Die Art der Gestik, vor allem die Größe der Bewegungen ist

△ individuell verschieden und offensichtlich abhängig vom Temperament und

△ von Kulturkreis zu Kulturkreis verschieden.

Hieraus ergibt sich die erste Folgerung:

Gestik macht man nicht, man hat sie.

Diese Forderung ist allerdings nur in entspannten Redesituationen, während einer Konversation, im vertrauten Kreis selbstverständlich. Bei zunehmender »Öffentlichkeit« und dem subjektiven Gefühl, besonders gefordert zu sein, steigt die Tendenz, eine Haltung einzunehmen, die Gestik unterdrückt, nicht mehr zuläßt.

Hierdurch werden Sprechen und Sprechdenken (s. S. 147) erschwert.

In Untersuchungen an der Universität Regensburg haben wir festgestellt, daß bei einer – auch absichtlichen – Reduzierung der Gestik

△ Versprecher zunehmen;

△ der Satzbau komplizierter wird;

△ es häufiger zu sog. »Satzbrüchen« kommt;

△ ungewollte, sinnwidrige Pausen zunehmen;

△ der gedankliche Faden häufiger abreißt;

△ der Sprecher leichter »steckenbleibt«.

Der Grund für dieses Phänomen liegt in der Art und Weise, wie sich die menschliche Sprachentwicklung und die jedes einzelnen vollzogen hat. Auf diese phylogenetischen wie ontogenetischen Ursachen kann an dieser Stelle nur hingewiesen werden.

Aus dem Zusammenhang zwischen Sprechen und Gestik ergibt sich die zweite redepädagogische Folgerung:

Beim Auftreten Gestik-verhindernder Körperhaltung versuche man, diese – zumeist verspannte – Haltung zu verändern.
Es ist – trotz Nervosität und Angespanntheit – möglich, z.B. verschränkte Arme zu lösen; die Hände vom Rücken nach vorne zu nehmen; statt sich am Pult »festzuhalten«, fest »mit beiden Beinen auf dem Boden zu stehen«.

Im übrigen wurde (von BAXTER u.a.) festgestellt, daß Personen mit größeren verbalen Fähigkeiten auch mehr Gesten verwenden, was die Verbindung von verbaler und nonverbaler Kommunikation einmal mehr verdeutlicht. Gesten sind vornehmlich sprach**begleitend** und nur selten sprach**ersetzend**.

Von der bisher beschriebenen Art der Gestik (der sprachbegleitenden) abzuheben sind sog. »körpergerichtete« Gesten (auch »körperorientierte Bewegungen« genannt, s. S. 27), wie Am-Kopf-Kratzen, Händereiben etc., die häufig Zeichen für inhaltliche oder situative Unsicherheit sein können.

Mimik

Der Gesichtsausdruck ist in starkem Maß abhängig von der jeweiligen Emotion, der gefühlsmäßigen oder sachorientierten Einstellung des Sprechers bzw. Zuhörers.

Die meisten typischen Mienen sind interkulturell gleich, d.h. in allen Ländern und bei allen Völkern zeigen die grundlegenden Gefühle wie Trauer, Freude, Ärger, Angst den gleichen Gesichtsausdruck, während das andere mimische Verhalten stark von der Kultur geprägt wird. (EIBL-EIBESFELD/BIRDWHISTEL)

Kleinste Veränderungen in der augenblicklichen Einstellung verändern unmittelbar den Gesichtsausdruck. Deshalb wurde in der Tradition der Rhetorik neben der Gestik auch der Mimik stets besondere Bedeutung beigemessen.

Inzwischen gibt es sogar (nützliche?) Trainingsprogramme zur Verbesserung der Fertigkeit, den Gesichtsausdruck zu interpretieren. (Z.B. von EKMAN/FRIESEN)

Mimik erfüllt vier Funktionen:

1) Sie spiegelt persönliche Eigenschaften wider; jeder hat seinen »typischen« Gesichtsausdruck.
2) Sie zeigt Emotionen, z.B. Freude, Angst.
3) Sie zeigt die innere Stellungnahme des einzelnen, z.B. Zustimmung, Überraschung.
4) Durch Mimik werden Interaktionsabläufe geregelt, z.B. durch Hochziehen der Augenbrauen, Stirnrunzeln.

Ständige Beobachtung kann den »Blick schärfen«, läßt etwa Zustimmung oder Ablehnung, Kompromißbereitschaft etc. beim

Partner auf nonverbalem Kanal schnell erkennen. Nicht selten ist der nonverbale dem verbalen Ausdruck zeitlich voran.

MEHRABIAN stellte fest, daß die positive Einstellung zum Gesprächspartner
△ zu 7 % vom Verbalen, also dem eigentlichen Inhalt,
△ zu 38 % vom Tonfall und
△ zu 55 % vom Gesichtsausdruck abhängt.
Das scheint allerdings – zumindest unter dem Aspekt des Lügens – nicht ganz ungefährlich zu sein. Es gibt Untersuchungen, die zeigten, daß unser Gesicht »am besten lügen kann«. Für das **Erkennen** von Lügen kommt offensichtlich dem Tonfall der Stimme auch eine Schlüsselfunktion zu.
(Zum »Lügen« vgl. auch BERTHOLD)

Blickkontakt

Unter Blickkontakt versteht man das gegenseitige Anblicken von Kommunikationspartnern, d.h. die Kontaktaufnahme zwischen Redner und Zuhörer bzw. zwischen Gesprächspartnern.

Für die Häufigkeit, Länge, den Zeitpunkt des Wechsels des Blickkontaktes etc. gibt es für jede Kultur offenbar feste – ungeschriebene – Regeln. Bereits vier Monate alte Säuglinge zeigen das typische Blickkontakt-Verhalten der Erwachsenen ihrer Kultur.

Blickkontakt steuert den Gesprächsablauf, signalisiert Gesprächsbereitschaft und Aufmerksamkeit, dient der Aufnahme von Feedback und kann die emotionale Gestimmtheit signalisieren.

Blickkontakt fällt vor allem da auf, wo er nicht vorhanden ist.

Wie wirken Personen mit wenig – zu wenig – Blickkontakt?
Eine Untersuchung (von KLECK/NUESSLE) ergab:
Personen, die zu 80 % der Zeit beim Sprechen ihren Partner anschauten, wurden u.a. als »freundlich«, »selbstbewußt« und »natürlich« eingeschätzt.
Personen, die nur zu 15 % der Zeit beim Sprechen ihren Partner anschauten, wurden dagegen u.a. als »kalt«, »pessimistisch«, »ausweichend«, »unterwürfig« und »gleichgültig« eingeschätzt.
Prinzipiell werden Personen mit intensivem Blickkontakt als dominanter, aktiver und selbstbewußter angesehen. Nur bei ungewöhnlich langem Blickkontakt (»Anstieren«) wird eine offensichtlich störende, weil zu starke Intimität provoziert.
Für die angewandte Rhetorik ist darüber hinaus wichtig zu wissen:

Blickkontakt nimmt mit zunehmender Verunsicherung oder auch bei zunehmender Konzentration auf ein zu lösendes Problem immer mehr ab.

Doch auch gerade dann ist das Anschauen der Hörer bzw. Gesprächspartner während des Sprechens notwendig, um

△ einen positiven Kontakt aufrecht zu erhalten,
△ Hörerreaktionen beobachten zu können
    (auf die Bedeutung der nonverbalen visuellen Signale der Hörer wurde bereits hingewiesen),
△ das eigene Sprechen zu intensivieren,
△ von anderen nicht falsch eingeschätzt zu werden.

Ein längeres, unübliches Abwenden des Blickkontaktes beim Sprechen **kann** dem Partner den Eindruck von Kälte, Unsicherheit, Gleichgültigkeit oder Unaufrichtigkeit vermitteln.

Auch vor einem größeren Publikum ist Blickkontakt eine Kontaktaufnahme zwischen zwei Partnern (man kann nicht mehreren Personen gleichzeitig in die Augen

schauen); dabei ist wechselnder, aber intensiver Blickkontakt mit wenigen Hörern günstiger und effektiver als der Versuch eines flüchtigen Kontaktes mit allen (der eben keinen echten Kontakt herstellt).

B. RÄUMLICHES VERHALTEN (PROXEMIK)

Räumliches Verhalten drückt sich aus durch die interpersonale Nähe, durch das Maß gegenseitiger Zugewandtheit (sog. Körperorientierung) sowie durch Berührungen (sog. taktile Kommunikation, s.u.).

Für diese Bereiche gibt es natürliche und/oder kulturell übliche Grenzen. Doch innerhalb dieser Grenzen sind »Varianten« möglich, und diese Varianten signalisieren interpersonale Einstellungen (»wie einer zum anderen steht«). »Veränderungen in der räumlichen Stellung dienen auch als Interaktionssignale«. (ARGYLE 1979, 281)

Die Körperorientierung kann durchaus einen Einfluß auf mehr als nur die Atmosphäre eines Gespräches haben. Unter Körperorientierung versteht man den Winkel, in dem jemand einem anderen gegenüber steht bzw. sitzt. Was zufällig erscheint (Sitzposition, Platzwahl etwa) kann von Bedeutung sein.

Wie würden Sie sich z.B. zu jemandem setzen, wenn Sie ein (Sach-) Problem mit ihm zu besprechen hätten?

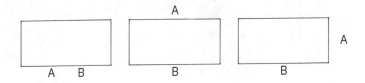

Man hat festgestellt (u.a. SOMMER/COOK):

△ Die Stellung Seite-an-Seite wird eindeutig als kooperativ empfunden;

△ Direktes Gegenüberstehen bzw. -sitzen wirkt leicht konkurrierend und hemmend in Einigungsprozessen;

△ 90°-Stellung (»Über-Eck-Sitzen«) scheint die typische entspannnte »Konversations-Stellung« zu sein, die auch für Problem-Lösungs-Situationen günstig ist.

Die Wahl des Platzes, des Abstandes zu den anderen, die Orientierung zu den Partnern geben häufig Aufschlüsse über die Beziehung der Partner zueinander (über Dominanzstreben und vieles mehr).

Im Rahmen dieses Buches soll nur auf die Bedeutung aufmerksam gemacht werden. Sensibles Beobachten ermöglicht angemessenes eigenes Verhalten.

Eine besondere Bedeutung kommt Fragen der Sitzordnung auch in größeren Besprechungen und Versammlungen zu. In diesem Zusammenhang sei vor allem auf die Literatur von SCHWEINSBERG, KELBER und MUCCHIELLI hingewiesen, der viele nützliche Tips und Anregungen für die Versammlungs-Praxis zu entnehmen sind.

2.1.2
Taktiler Kanal
KÖRPERLICHE KONTAKTAUFNAHME

Körperliche Kontaktaufnahme während des Sprechens verrät nicht selten hierarchisches Denken (und Fühlen). Kontaktaufnahme wie »Auf-die-Schulter-Klopfen«, »Am-Arm-Führen« etc. geht zumeist von der Person aus, die sich überlegen, »vorgesetzt«, hierarchisch höher empfindet. Das gleiche gilt für jedes »Zunahetreten«, d.h. für jedes Durchbrechen der individuellen Distanzzone des einzelnen.

Jede Kultur hat eigene »Distanz-Gesetze«; für unseren Kulturkreis kann man (nach HALL) vier Zonen unterscheiden:

vertraulich:
50 cm: bei vertrauten Beziehungen; Körperkontakt ist leicht; man kann den anderen riechen und seine Wärme fühlen; man kann ihn sehen, aber nicht sehr gut; man kann flüsternd reden

persönlich:
50 cm bis 120 cm: bei nahen Beziehungen; man kann den anderen noch berühren; man kann ihn besser sehen, aber nicht seinen Atem riechen

sozial-beratend:
2,5 m bis 3,5 m: bei eher unpersönlichen Beziehungen; hinter dem Schreibtisch sowie in vielen anderen Arbeitsbereichen; eine lautere Stimme ist erforderlich

öffentlich:

3,5 m und mehr: bei Persönlichkeiten des öffentlichen Lebens und bei öffentlichen Anlässen.

Ein Nichtbeachten dieser Zonen löst zumeist unangenehme Reaktionen aus. Ein Einbrechen in den persönlichen Raum wird als störend empfunden. **Was als störend empfunden wird, ist stark von Konvention und Kultur abhängig.**

Ein Beispiel: man untersuchte die körperliche Kontaktaufnahme von Paaren in Cafés verschiedener Länder (in einer Stunde):
△ Café in San Juan/Puerto Rico:
    180 Berührungen pro Stunde
△ Café in Paris:
    110 Berührungen pro Stunde
△ Café in London:
    0 Berührungen pro Stunde

Aber auch innerhalb des gleichen Kulturkreises (etwa dem der Bundesrepublik Deutschland) gibt es hier erhebliche Unterschiede, vor allem im Bereich der sog. taktilen Kommunikation (z.B. zwischen Rheinländern und Niederbayern). Beobachten und zählen Sie einmal in einem Café Ihres Wohnortes.

Kommunikationsprozesse können durch Nichtbeachten der individuellen Distanz-Zonen des Interaktionspartners erheblich beeinträchtigt werden.

2.1.3
Auditiver Kanal
Hörbare Signale
STIMMLICHER AUSDRUCK, PROSODIK

»Der Ton macht die Musik« sagt man im Deutschen. Denn erst durch die Sprechweise (Stimme, Aussprache und Betonung) wird sprachliche Information vollständig. Ob mit dem Satz »Das ist ein feiner Kerl« jemand gelobt oder getadelt wird, entscheidet allein die Sprechweise.

Vom auditiven Eindruck des Sprechers (»Sprich, damit ich Dich sehe«) hängt wesentlich ab

△ wie verständlich der Sprecher ist,
△ wie aufmerksam Hörer bzw. Gesprächspartner bleiben,
△ wie glaubwürdig der Sprecher wirkt, d.h. auch, ob er überzeugt oder nicht.

STIMME
Eine gesunde funktionsfähige Stimme ist eine Voraussetzung für einwandfreies Sprechen und Reden. Stimmschäden werden leider oft erst sehr spät erkannt und häufig keiner qualifizierten Behandlung (und wenn, dann meist zu spät) zugeführt.

Seminare zur prophylaktischen Stimmphysiologie werden aufgrund der geringen Zahl von Sprecherziehern (DGSS) und Planstellen in der Bundesrepublik nur relativ selten angeboten. Auch viele der sog. »redenden Berufe« (z.B. Lehrer, Juristen u.a.) bleiben während ihrer Ausbildung in mehreren Bundesländern ohne jede Vorbereitung auf die spätere stimmliche Belastung.

Nicht nur Sänger
und Schauspieler
brauchen eine
stimmliche Ausbildung.

Bei geringsten Anzeichen von Stimmstörungen, auch schon bei längerer oder häufig wiederkehrender Heiserkeit, sollte ein Facharzt für Stimm- und Sprachstörungen (Phoniater) oder ein HNO-Arzt (möglichst mit der Zusatzbezeichnung »Stimm- und Sprachstörungen«) aufgesucht werden.

Wenn Sie Schwierigkeiten mit ihrer Stimme haben (z.B. wenn Sie leicht heiser werden beim Reden oder glauben, nicht laut genug sprechen zu können etc.), wenden Sie sich bitte an qualifizierte Sprecherzieher (DGSS) oder Logopäden in Ihrer Nähe.

Auf eine Hauptursache für spätere erste Stimmschäden kann aber jeder beim Sprechen und Reden selbst achten: **auf die physiologisch richtige Stimmhöhe**:

Im oberen Teil des unteren Drittels des Stimmumfangs liegt die Stimmlage, die wir den **Hauptsprechtonbereich** nennen (in vielen Fachbüchern findet sich dafür der Begriff **Indifferenzlage**). In entspannten Situationen spricht man in diesem Tonbereich. **Es ist die Stimmlage, in der wir mit geringem Kraftaufwand und geringem Atemdruck reden können.**

Nur bei überwiegendem Einhalten dieser Stimmlage können wir mühelos, ausdauernd und kräftig sprechen, ist die Stimme variabel und modulationsfähig.

In bestimmten Kommunikationssituationen – beim betont lauten Sprechen, beim Vorlesen, Sprechen vor größerem Kreis, vor allem auch bei Aufregung, starken Emotionen, Unsicherheit und Lampenfieber – neigt man dazu, diesen Stimmbereich zu verlassen, die Stimme anzuheben, in einer oft **erheblich höheren** Stimmlage zu reden.

Ständiges gewohnheitsmäßiges Überschreiten des Hauptsprechtonbereiches, das häufig vom Sprecher überhaupt nicht bemerkt wird, führt zumeist unweigerlich zur Schädigung der Stimme (übrigens eine häufige Lehrerkrankheit).

Es kommt noch ein wichtiges Moment hinzu, das in seiner Bedeutung für die Kommunikation nicht genügend betont werden kann:
Die überhöhte Stimmlage **kann** zwar Ausdruck von Begeisterung, Engagement, besonderem Eifer sein, aber eben auch durch Erregung, Unbeherrschtsein und Aggressivität hervorgerufen werden. Der Gesprächspartner deutet (nicht bewußt) zu hohes Sprechen häufig in diesem negativen Sinne, erregt sich seinerseits, die Fronten verhärten sich leichter, die Diskussion wird zum Streitgespräch, der Dialog spitzt sich zu, ein Kompromiß wird zumindest schwieriger, eine Verständigung manchmal unmöglich.

Auch bei der Rede ahmt der Zuhörer die Sprechweise des Redners innerlich nach und kommt so evtl. zu einer Einstellung, die der Intention des Sprechers zuwiderläuft. Deshalb übrigens strengt das Zuhören bei manchen Rednern besonders an (s.u.).

Darüber hinaus haben Untersuchungen ergeben, daß in unserem Kulturkreis ein enger Zusammenhang zwischen Stimmlage und Glaubwürdigkeit besteht. So sprechen wir im Deutschen vom **Brustton der Überzeugung**. Und für Informations-Reden haben wir festgestellt, daß auch hier die richtige Stimmhöhe sehr wichtig ist (vgl. S. 98).

Um Mißverständnisse zu vermeiden: der Hauptsprechtonbereich ist kein fixer Ton, sondern ein Tonbereich, der Variationen nach oben und nach unten kennt, der niemals identisch ist mit monotonem Sprechen.

Außerdem gibt es durchaus Situationen, in denen die Gespanntheit und Emotionalität der überhöhten Stimmlage ihre Funktion hat: etwa in der polemischen Rede.

Gewarnt wird vor stets überhöhter Stimmlage. Vermeiden Sie es, durch zu hohes Sprechen Mißtöne in die Rede oder das Gespräch zu bringen.

Übrigens: Spannung/Entspannung etc. steckt an; der Hörer übernimmt Spannungszustände des Sprechers (und umgekehrt).
Beispiel: Eine Sprechweise mit Überspannung der Artikulationsorgane führt zum Räusperzwang nicht nur beim Sprecher: oft räuspern sich Zuhörer noch vor dem Redner.
Wir wissen heute, daß z.B. bei überhöhter Stimmlage des Redners die Hörer mit angespannten Sprechorganen zuhören (deshalb auch die stärkere Anstrengung und frühere Ermüdung beim Zuhörer). Es ist medizinisch sogar möglich, vom Zuhören heiser zu werden.

Vergegenwärtigen Sie sich abschließend noch einmal den Zusammenhang zwischen **Stimme** und **Stimmung**!

AUSSPRACHE (ARTIKULATION)

Die häufige Frage nach dem Verhältnis von Mundart und Standardaussprache (»Schriftdeutsch«) beantwortet sich schnell: mundartliche Färbung hat keinen, zumindest keinen negativen Einfluß auf die Kommunikation.

Unter mundartlichem **Anklang** leidet weder Verständlichkeit noch Glaubwürdigkeit. Ob man – etwa in einer Verhandlungssituation mit Nicht-Mundart-Sprechern oder in einer Rede vor großem Auditorium – in der Mundart sprechen kann oder nicht, hängt in sehr starkem Maße vom jeweiligen Redeinhalt und der Situation ab. Dabei spielt die Erwartung der entsprechenden Hörer bzw. Kommunikationspartner die entscheidende Rolle. Während die meisten Sprecher ein durchaus sicheres Gefühl für den Wechsel zwischen Mundart und Standardaussprache besitzen, sind nur wenige nicht in der Lage, ihre Artikulation der Sprechsituation anzupassen. In diesen Fällen hilft nur das Training mit einem qualifizierten Sprecherzieher (DGSS).

Prinzipiell kann als Tendenz eine **Wiederentdeckung der Mundart** beobachtet werden, leider allerdings häufig nicht als Selbstverständlichkeit, sondern mit einem folkloristischen Beigeschmack, der für viele Kommunikationssituationen den Gebrauch von Mundart eher einzuschränken denn zu fördern scheint.

Dennoch: flüssige Standardaussprache macht noch keinen guten Redner und echte Zweisprachigkeit (Mundart und Standardaussprache) wird bei Kindern mit Mundartgebrauch in zunehmendem Maße beobachtet. Gerade durch das Fernsehen verlieren allerdings viele Kinder das Gefühl für die Sprache ihrer Region. Das mag man bedauern, mit zunehmender »Berieselung« mit dialektfreier Umgangssprache wird diese Tendenz sicher weiter verstärkt.

Entscheidender für die Effektivität kann die Deutlichkeit der Aussprache, die jeweilige **Artikulationsschärfe**, sein. Auch in der Mundart.
Deutlich und weniger laut ist akustisch immer noch besser zu verstehen als undeutlich und laut.
Die positive Einschätzung eines Redners scheint außerdem nicht unwesentlich von der Genauigkeit seiner Aussprache mit abzuhängen.

Deutliche Aussprache (durch größere Kieferöffnung z.B.) läßt sich üben.

BETONUNG (AKZENTUIERUNG)

Eintöniges Sprechen

△ setzt die Verständlichkeit herab,
△ verringert die Glaubwürdigkeit des Sprechers,
△ fördert frühzeitiges Abschalten.

Noch wichtiger als die bisher angegebenen Punkte im auditiven Bereich ist die **VARIABILITÄT DER BETONUNG**, d.h.

△ **Wechsel** der Lautstärke,
△ **Wechsel** der Sprechgeschwindigkeit (mit Pausen),
△ **Wechsel** der Sprechmelodie.

Sprecher, die von Hörern als »gute Redner« klassifiziert wurden, zeichneten sich stets durch diese **Variabilität der Betonung** aus. Bei Sprechern mit abwechslungsreicher Betonung werden manche andere sogenannten »Fehler« (schlechter Redeaufbau, verkrampfte Haltung, häufiges »äh« etc.) eher und z.T. völlig übersehen bzw. überhört.
Das hängt zusammen mit dem Eindruck des Engagements. Viele Untersuchungen haben gezeigt, daß der engagierte Sprecher leichter überzeugen und effektiver informieren kann. (vgl. S. 57)

MEHRABIAN stellte fest, daß Sprecherinnen und Sprecher überzeugender wirkten, wenn sie
△ etwas schneller,
△ etwas lauter,
△ mit größerer Variabilität (Abwechslung) insgesamt sprechen.
Eigene Untersuchungen bei deutschen Sprecherinnen und Sprechern unterstützen diese Ergebnisse.

1. LAUTSTÄRKE
(dynamischer Akzent)

Durch variierende Lautstärke werden wichtige Redeteile hervorgehoben, die Aufmerksamkeit des Hörers auf bestimmte Wörter, Sätze oder Aussagen gelenkt.

Dabei ist es wichtig, daß nur für kurze Zeit lauter oder leiser gesprochen wird; man erreicht sonst das Gegenteil, die Aufmerksamkeit läßt nach.

Zu leises Sprechen kann die Überzeugungskraft negativ beeinflussen, aber auch eine zu große Lautstärke (die man häufig findet, auch im kleineren Gesprächskreis!) kann die Kommunikation blockieren. Sie hindert den Gesprächspartner, aufmerksam zuzuhören, weckt leicht Widerspruch. Besonders in engagierter Rede und heftiger Diskussion ist Eigenkontrolle wichtig.

Wer schreit,
hat Unrecht.
(Dt. Redensart)

Abschließend sei auch auf die Gefahr der Verbindung von zunehmender Lautstärke und überhöhter Stimmlage (s.o.) hingewiesen und darauf, daß größere Artikulationsschärfe besser als eine zu große Lautstärke ist, um verständlich zu sein.

2. SPRECHGESCHWINDIGKEIT
(temporaler Akzent)

Veränderte Sprechgeschwindigkeit kann für den Hörer eine ausgezeichnete Gliederungshilfe sein, von der nicht ausgebildete Sprecher in der Regel zu wenig Gebrauch machen.

Generell kann zur Sprechgeschwindigkeit aufgrund mehrerer abgesicherter Untersuchungsergebnisse festgehalten werden:

Etwas schnelleres Sprechen

△ fördert (bei deutlichen Stimmsenkungen und Pausen!) die Verständlichkeit

△ erhöht die Glaubwürdigkeit.

Die Angst vor zu schnellem Sprechen ist **fast** immer unbegründet. (Es sei denn, man spricht überhastet, mit Zwischenatmungen an falschen, sinnwidrigen Stellen, ohne Pausen, ohne deutlich abzusetzen.)

Ausnahme: zu Beginn einer Rede oder eines Gesprächs und in Phasen der Kontaktaufnahme stört schnelles Sprechen.

Der Eindruck des schnellen Sprechens wird nicht selten hervorgerufen durch den **Mangel an Sprechpausen**. Oft fehlt der Mut zur Pause, obwohl gerade durch ein kurzes Anhalten des Sprechflusses wichtige Aussagen unterstrichen werden können.

Die bewußt gesetzte Pause steht – als aufmerksamkeitsweckendes Moment – kurz **vor** der hervorzuhebenden Stelle oder **nach** ihr, um dem Hörer die geistige Aufnahme und Verarbeitung zu erleichtern.

3. SPRECHMELODIE
(melodischer Akzent)

Der melodische Akzent, die Sprechmelodie, dient als Hilfe zur Sinnerfassung.

Der Leser hat durch Interpunktion (Komma, Semikolon, Punkt etc.) viele Gliederungshilfen. Er **sieht**, wo ein Gedanke beendet ist und ein neuer anfängt.

Diese zusätzlichen Signale braucht auch der Hörer. Deshalb ist es wichtig, am Ende eines Satzes oder Gedankens die Stimme zu senken, vor allem in informativen Redeteilen. Oft werden

vom Sprecher viele Gedanken auf einem großen Intonations-
bogen gesprochen. Das erschwert die Verständlichkeit enorm.
Eigene Untersuchungen haben gezeigt, daß eine Abnahme der
Stimmsenkungen mit starkem Informationsverlust einher-
geht!

Trotz der Notwendigkeit variabler Betonung, d.h. eines ab-
wechslungsreichen, lebendigen Sprechens, muß vor einer
Überbetonung gewarnt werden.
In einem Gedanken trägt in der Regel nur ein Begriff die deutliche Hauptbetonung. Die anderen Betonungen ordnen sich
dieser Hauptbetonung unter; man spricht auch von **Hauptakzent** und **Nebenakzenten**.

Arbeitsblatt III
Stimmlicher Ausdruck

Eine Verbesserung des stimmlichen Ausdrucks ist jedem durch intensives Trainieren mit dem Tonband möglich. Abwechslungsreiches, ausdrucksstarkes Sprechen ist lernbar. Dazu zwei Übungen.

I. VORLESEN

1) Nehmen Sie einen kurzen Prosa-Text oder einen Zeitschriften-Artikel und überlegen Sie, in welcher Situation Sie diesen Text wem vorlesen könnten.

2) Planen Sie Ihr Sprechen.
Machen Sie sich in den Text Zeichen für Ihr Sprechen, z.B. / für eine kurze Pause und // für eine längere Atempause. Notieren Sie, an welchen Stellen Sie schneller, an welchen langsamer, wo lauter, wo leiser sprechen wollen.

3) Sprechen Sie jetzt den Text auf Band; kontrollieren Sie sich, sprechen Sie erneut, bis Sie mit Ihrem Sprechen zufrieden sind.

II. NACHERZÄHLEN

1) Lesen Sie eine kurze Geschichte, eine Anekdote, Zeitungsmeldungen auf Tonband.

2) Geben Sie jetzt den Inhalt mit eigenen Worten auf Band wieder.

3) Kontrollieren Sie Ihr Sprechen: wo liegen Unterschiede zwischen Ihrem Lesen und Ihrem freien Sprechen? Sprechen Sie erneut, bis Sie zufrieden mit Ihrem Sprechen sind.

2.1.4
Interkulturelle Aspekte
nonverbalen Verhaltens

Während – wie wir sahen – viele nonverbale Verhaltensweisen nur phylogenetisch, also aus der Entwicklungsgeschichte der Menschheit, verständlich sind, geht ein großer Teil nonverbaler Interaktion auf kulturell erlerntes Verhalten zurück. Das bedeutet, daß zwischen dem Verhalten der Angehörigen verschiedener Kulturkreise oft erhebliche Unterschiede bestehen. Das soll am Beispiel der Japaner und Araber stellvertretend verdeutlicht werden.

a) Japaner
Japaner schauen sich i.d.R. nicht in die Augen, sondern auf den Hals. Blickkontakt mit Fremden wird in der Öffentlichkeit nach Möglichkeit vermieden. Ebenso findet in der Öffentlichkeit nahezu überhaupt kein Körperkontakt statt – auch nicht bei freundschaftlicher Begrüßung. Der Gesichtsausdruck ist ebenfalls stark schablonisiert: gilt in der Öffentlichkeit ein sog. »Poker-Gesicht« ohne jede erkennbare Regung offensichtlich als ideal, ist im privaten Bereich ein mattes Lächeln üblich. Aufgrund des weitgehenden Verzichts körpersprachlicher Gefühlsäußerungen ist die interpersonale Einstellung selbst für Japaner oft schwer erkennbar.
Darüberhinaus gibt es auch bei den Japanern fest kodierte Gesten, die den interkulturellen Kontakt erschweren können: z.B. bei der Aufforderung zum Herkommen:»Arm ausstrecken, Handfläche nach oben, flattern mit Fingern«; oder bei der Ver-

mutung, jemand lüge: »Lecken der Fingerspitzen oder Streichen über die Augenbrauen«. Gesten, die wir nicht kennen.

b) Araber

Araber haben weit geringere Distanzzonen als Europäer – zumindest gilt das unter Männern. Umarmen und Küssen und häufiger Körperkontakt bei miteinander redenden Männern ist selbstverständlich; Frauen hingegen werden in der Öffentlichkeit nicht berührt.

Oder ein anderes Beispiel: Araber sprechen in der Regel erheblich höher als Europäer, und ein Tonfall, den Ägypter z.B. als »ernst« interpretieren, wirkt auf uns Deutsche in höchstem Maße als »streitlustig«, »aggressiv«.

Diese wenigen Beispiele können verdeutlichen, daß es im interkulturellen Kontakt neben sprachlichen Schwierigkeiten auch eine Fülle nonverbaler Kommunikationsprobleme geben kann, die oft von erheblicher Tragweite sein können, weil sie den Partnern zumeist nicht bewußt sind. Aber diese Fragen sind nicht nur etwa im Kontakt zwischen Arabern und Europäern von Bedeutung. Auch innerhalb Deutschlands gibt es im Kommunikationsverhalten erhebliche Unterschiede zwischen einzelnen Landschaften, selbst im Freistaat Bayern, z.B. zwischen Franken und Altbayern.

Unabhängig von diesen interkulturellen Unterschieden: über die verschiedene Weise, wie Generationen, soziale Schichten oder bestimmte Bevölkerungsgruppen miteinander sprechen, über Berufs- oder Fachsprachen etc., ließe sich ein eigenes Buch schreiben!

2.2
Engagement

Neben aller rhetorischer Strategie kommt die oft entscheidende Bedeutung für das Gelingen oder Mißlingen von Rede wie Gespräch dem **spürbaren Engagement** des Sprechers zu. Der Sprecher, der Engagement, persönlichen Einsatz, seine innere Beteiligung zeigt, kann in der Regel davon ausgehen, daß eigenes Engagement, eine evtl. spürbare Begeisterung, sich auf den Hörerkreis bzw. den Gesprächspartner überträgt.

Untersuchungen ergaben, daß sich Hörer von überzeugt wirkenden und in der Sache engagierten Rednern leichter informieren, beeinflussen und überzeugen lassen.

Engagiertes Sprechen ist hörergerichtet und charakterisiert durch

  △ variable Betonung (vgl. S. 50)
  △ Blickkontakt (vgl. S. 39f.)
  △ lebhafte Körpersprache etc. (vgl. S. 33f.)

Engagement allerdings kann man nicht »lernen«.
Aber man kann sich bemühen, vorhandenes Engagement nicht durch bewußte Zurücknahme oder Verspannung zu verbergen (s. auch Kapitel 2.3 und 2.4).

2.3
Lampenfieber und
Sprechhemmungen

Lampenfieber ist die Unsicherheit, die uns beim Reden – vor allem vor größerem Auditorium – oder in wichtigen Gesprächssituationen am flüssigen Sprechen hindern kann. Lampenfieber ist für viele eines der Hauptprobleme der Rhetorik überhaupt.

In Redesituationen stellt sich der Redner mit jedem Satz der Kritik seiner Hörer. »Denn sooft wir reden, sooft wird über uns gerichtet« (CICERO, De oratore, I, 123).

Wenn man das Wissen und die Kritikfähigkeit seiner Zuhörer bzw. Gesprächspartner anerkennt und sich selbst gegenüber kritisch geblieben ist, führt das unweigerlich zu Lampenfieber.

Vor über 2000 Jahren schrieb CICERO:

> »Auf mich wirken auch die, die sehr gut reden und es am leichtesten und wirkungsvollsten können, trotzdem beinahe unverschämt, wenn sie nicht mit einer gewissen Verlegenheit auftreten und zu Beginn ihrer Rede Zeichen der Unsicherheit verraten. Doch dieser Fall kann ja eigentlich gar nicht eintreten. Denn je besser einer spricht, um so mehr befürchtet er die Schwierigkeiten des Sprechens und kennt den wechselnden Erfolg der Rede und die Erwartungen seiner Zuhörer.«
> (CICERO, De oratore, I, 119f.)

Nun ist aber zugleich dieses Lampenfieber der Grund dafür, warum viele Redner mit sich nicht zufrieden sind – oder aber ganz bestimmte, vielleicht für sie besonders wichtige Rede-Situationen meiden. Das geht vielen so. In einer Untersuchung (ALLHOFF/BERNER) gaben nur 8,8 % an, **keine** Schwierigkeiten zu haben, wenn sie vor einem großen Kreis sprechen müssen.

Diese Angst, vor vielen sprechen zu müssen, ist uralt:
Vor über 3000 Jahren wollte sich Moses seiner Berufung durch Gott mit dem Hinweis auf sein schlechtes Reden entziehen: »Bitte, Herr, ich kann nicht gut reden, weder vorgestern, noch gestern, noch jetzt . . . Ich bin unbeholfen mit Mund und Zunge.« (Ex., 3, 10)

Nahezu jeder kennt das Gefühl der Sprechangst: aus einer Rede vor vielen oder einer mündlichen Prüfung oder einem unangenehmen Gespräch mit Vorgesetzten. Dem einen »schlägt es auf den Magen«, der andere bekommt »weiche Knie«, ein dritter hat »einen Kloß im Hals«, das Herz schlägt zu fest und zu schnell, die Hände werden feucht, der »Atem bleibt weg« – und vieles mehr. Alles Symptome, die eigentlich für das Sprechen nicht günstig sind.

WIE KOMMT ES DAZU?

Lampenfieber ist die Folge davon, daß man Sprechsituationen als Streßsituationen empfindet. Sie unterliegen damit aber ähnlichen psycho-somatischen Gesetzmäßigkeiten wie andere Streß-Situationen (Gefahren, Konflikte etc.) auch.

Angstauslösende Reize – ein unbekanntes Publikum ebenso wie ein zähnefletschender Hund – mobilisieren in Sekundenschnelle den ganzen Körper und bereiten ihn vor auf körperliche Höchstleistungen (entwicklungsgeschichtlich hieß das auf Kampf oder auf Flucht). Das hat viele (für die Situationen Kampf oder Flucht sinnvolle!) physiologische Folgen, z.B.:

△ Veränderungen der Herz- und Pulsfrequenz,

△ Schweißausbruch,

△ Umstellung auf Leistungsatmung (Hochatmung),

△ Zuckerfreisetzung aus der Leber in die Muskulatur,

△ Zunahme der Gerinnungsfähigkeit des Blutes,

△ erhöhter Blutdruck,

△ Zunahme der gesamten Muskelspannung und

△ Erhöhung der Blutfette (durch Cortisol-Ausstoß)

△ viele (dafür z.T. notwendige) hormonelle
   Veränderungen.

Im Hinblick auf das Sprechen muß im Zusammenhang der hormonellen Veränderungen vor allem auf den in Streßsituationen zu beobachtenden erhöhten Ausstoß der Hormone Adrenalin und Noradrenalin hingewiesen werden. Er soll nach neueren Untersuchungen u.a. für die in Streßsituationen häufig auftretenden Konzentrations- und Gedächtnisstörungen verantwortlich sein. Dadurch kann Sprechen erheblich erschwert werden, wichtige Redeteile entfallen der Erinnerung (der gefürchtete Blackout bei Prüfungen!), der Faden reißt plötzlich ab, der Sprecher bleibt stecken etc.

Unser Körper differenziert zuwenig zwischen verschiedenen angstauslösenden Situationen; er reagiert immer so, als stünden körperlicher Kampf oder schnelles Fliehen bevor. Und damit kommt es zu Reaktionen, die für das Sprechen höchst ungünstig sind. (Mediziner sprechen von einer sog.»fehlangepaßten Reaktion« des Körpers.) Diese für das Reden sehr unangenehmen Reaktionen wiederum können unser Lampenfieber verstärken und uns damit noch mehr behindern; so sehr vielleicht, daß wir uns das nächste Mal dieser Situation schon gar nicht mehr aussetzen:

**Bestimmte Situationen werden
als Streß-Situationen empfunden**

⇩

**Streß-Reaktionen
(als fehlangepaßte Reaktion des Körpers)**

⇩

typische Symptome des Lampenfiebers

⇩

**mögliche Vermeidung dieser
Kommunikationssituationen in der Zukunft**

Unser Ziel muß es sein, trotz evtl. Lampenfiebers Redesituationen nicht zu vermeiden (damit nicht immer und überall »dieselben« reden) und während des Sprechens (das gilt für die Rede ebenso wie für Prüfung oder Gespräch) das Lampenfieber so in Grenzen zu halten, daß es nicht jenes Ausmaß erreicht, bei dem es zur völligen Blockade der Gedanken kommt, der Sprechdenk-Vorgang versagt, der »rote Faden« verlorengeht. Wenn der Redner selbst merkt, daß seine Unsicherheit für den Hörer wahrnehmbar wird, nimmt sein Lampenfieber weiter zu und kann die obere kritische Grenze schnell überschreiten.

WAS KÖNNEN WIR DAGEGEN TUN?

**1.
WIR MÜSSEN UNSERE EINSTELLUNG ÄNDERN.**

Lampenfieber – so sahen wir – trifft nahezu jeden (zumindest jeden, der sich selbst nicht kritiklos als den stets »Besten« sieht!). Vielen hilft schon das Wissen, daß dieses Problem nicht ihr Problem, sondern ein allgemeines ist. Es ist in der Tat nicht leicht, im rechten Augenblick stets das Richtige zu sagen. Das kann für eine Prüfung ebenso gelten wie für ein problematisches Gespräch. Sprechangst muß keine neurotische, sondern kann eine sehr reale, d.h. also durchaus berechtigte Angst sein.

Erster Schritt zur Bewältigung: wir müssen das Vorhandensein innerer Unsicherheit in bestimmten Kommunikationssituationen akzeptieren und lernen, damit umzugehen.

Das heißt aber nicht, daß wir auch alle innerlich und äußerlich sichtbaren Reaktionen beibehalten wollen, die können (und müssen) wir z.T. ändern lernen. Dazu ist es notwendig, die eigenen Reaktionen in streßauslösenden Redesituationen zu kennen. Hier kann der Besuch eines Rhetorik-Kurses entscheidend helfen.

Halten wir fest: Wir werden unser Lampenfieber nicht in allen Fällen verlieren (wollen!), aber wir lernen, trotzdem zu reden! Dabei aber dürfen uns physiologische Über-Reaktionen nicht behindern, deshalb:

2.
WIR MÜSSEN KÖRPERLICHE REAKTIONEN KONTROLLIEREN LERNEN.

Viele der physiologischen Folgen des Lampenfiebers wurden bereits aufgezählt. Auf die meisten haben wir beim Sprechen keinen unmittelbaren Einfluß (etwa auf unsere Streßhormone oder darauf, daß wir schwitzen).

Aber zwei Bereiche kann der Sprecher kontrollieren und positiv beeinflussen lernen: muskuläre Spannung und Atmung.

Es gibt viele bekannte Entspannungstechniken; die meisten gehen auf das »Autogene Training« (nach SCHULTZ) oder die »Progressive Muskelentspannung« (nach JACOBSON) zurück. Sie sollen i.d.R. zur sog. «Tiefenentspannung« führen, doch darum geht es in der Rhetorik nicht. Der »tiefentspannte« Redner ist auch kein guter Redner.

Aber diese Techniken können, sinnvoll eingesetzt, helfen, Verspannungen abzubauen und so zu einem mittleren, für das Sprechen angemessenen Muskeltonus führen.

Wohl eines der ältesten Mittel gegen Lampenfieber ist die Beherrschung der richtigen Sprechatmung. Die meisten Menschen neigen in streßbeladenen Redesituationen zur Leistungsatmung (Hochatmung). Atmung ist aber **der** biologische Funktionsablauf des Körpers, der sowohl unwillkürlich abläuft, als auch willkürlich gesteuert werden kann. Mediziner sind sich einig: Über die Atmung können viele andere physiologische Vorgänge mitbeeinflußt werden. Mit einer der Redesituation angemessenen Sprechatmung können wir erheblich viel dafür tun, daß sich auch andere störende Streßsymptome in Grenzen halten.

(Ausführlich zu Atmung: vgl. das folgende Kapitel 2.4, S. 67)

3.
WIR MÜSSEN DURCH RHETORISCHES TRAINING SICHERHEIT GEWINNEN.

Der Streß hat aber nicht nur Auswirkungen auf – im engeren Sinn – physiologische Vorgänge, sondern auch auf unser Verhalten. Für das Reden heißt das unter anderem:

△ Einnehmen einer Haltung, die Gestik unterdrückt (z.B. durch ein Verschränken der Arme auf der Brust oder hinter dem Rücken),
△ eine zu hohe Stimmlage,
△ kein Blickkontakt,

alles äußere Zeichen innerer Unsicherheit.

Diese drei nonverbalen Verhaltensweisen aber können durch Übung bewußt gesteuert werden:

△ Man kann unsicher und nervös sein und dennoch lernen, eine Haltung einzunehmen, die Gestik ermöglicht, fördert;

△ man kann lernen, trotz innerer Nervosität in seinem Hauptsprechtonbereich zu bleiben;

△ auch Blickkontakt kann bewußt hergestellt werden, die Konzentration während des Blickkontaktes mit den Zuhörern bzw. Gesprächspartnern ist trainierbar.

Mit der Gewißheit, daß die Unsicherheit nach außen nicht sichtbar wird, wächst die eigene Sicherheit oder, was oft schon viel ist, die Nervosität nimmt nicht weiter zu.

Die Sicherheit des Sprechers bedingt auch die Sicherheit im Ausdruck der nonverbalen Mittel; aber auch umgekehrt: Sicherheit im nonverbalen Verhalten vermittelt dem Sprecher innere Sicherheit! Diese positive Rückmeldung kann zum Abbau des Lampenfiebers entscheidend beitragen.

Darüberhinaus vermittelt das Wissen über rhetorische Grundsätze, über angemessenes Verhalten in bestimmten rhetorischen Situationen (von der Freien Rede bis zum Problemgespräch) zusätzliche Sicherheit. Hier liegt **ein** wesentlicher Sinn von Rhetorik-Seminaren (und diesem Buch).

Der letzte Hinweis ist eigentlich selbstverständlich und könnte auch am Anfang dieses Kapitels stehen:
Eine gute Vorbereitung auf die Redesituation, ein sorgfältig angefertigtes Konzept und ein genügend großer Informationsvorsprung können mit zur Beherrschung des Lampenfiebers beitragen.

Lassen Sie uns den wichtigsten Gedanken noch einmal wiederholen:

Sie können trotz Ihres Lampenfiebers lernen, verständlich und überzeugend zu reden, sich angemessen an Gesprächen zu beteiligen. Voraussetzung aber bleibt: Sie müssen Ihr Lampenfieber zunächst einmal akzeptieren und sich diesen Situationen stellen. Nur dann können Sie durch Training lernen, mit dem Problem Lampenfieber besser umzugehen.

2.4
Atmung und Sprechen

Ohne Ausatmungsluftstrom gibt es keine Stimme und kein Sprechen. Die Atmung ist somit nicht nur für den Gesamtorganismus lebensnotwendig, sondern auch für das Sprechen von entscheidender Bedeutung.

Atmung, Stimmbildung und Artikulation stehen in so engem physiologischen Zusammenhang, daß die Veränderung eines dieser Vorgänge auch eine Veränderung des anderen bewirkt. Gestörte Atemfunktion führt zwangsläufig zu stimmlichen Fehlleistungen.

Darüberhinaus hängt Atmung eng vom jeweiligen Erregungszustand des Menschen, von seiner psychophysischen Verfassung ab. Denn Sprechsituationen werden subjektiv häufig als Streßsituation empfunden (vgl. die ausführliche Erklärung in Kap.2.3). In vielen Rede- und Gesprächssituationen atmet man deshalb physiologisch falsch. Ein- und Ausatmung kann sich nämlich in zwei Varianten vollziehen, als sog. Ruhe- und als Leistungsatmung, und oft überwiegt beim Sprechen eine physiologisch ungünstige und für das Sprechen unökonomische Atmungsbewegung.

Vor der Beschreibung der richtigen Sprechatmung sollen die beiden grundsätzlich unterschiedlichen Atmungstypen (Ruhe- und Leistungsatmung) kurz erläutert werden:

RUHE-ATMUNG
auch: Zwerchfellatmung, Bauchatmung, Abdominalatmung, Tief-
atmung, respiratio muta.

Diese reflektorisch gesteuerte Grundfunktion der Atmung ist physiologisch richtig in Situationen körperlicher Ruhe.
Ihre Einatmungsphase ist gekennzeichnet durch Kontraktion und Ab-
flachung des kuppelartig nach oben gewölbten Zwerchfells, wodurch
sich die Lungen vor allem im unteren Bereich erweitern. Durch das Ab-
flachen des Zwerchfells müssen die Bauchorgane zwangsläufig ausweichen, so daß sich in der Einatmungsphase der Ruheatmung die
Bauchdecke wölbt und eine Weitung über die Flanken bis zum Rücken
festgestellt werden kann.

LEISTUNGS-ATMUNG
auch: Brustatmung, Costalatmung, Hochatmung, Streßatmung,
Pectoralatmung.

Dieser zweite Atmungstyp ist physiologisch notwendig in Situationen
erhöhter körperlicher Leistung.
Seine Einatmungsphase ist gekennzeichnet durch ein Anheben der
Rippen, wodurch sich der Brustkorb erweitert; die Muskulatur des
Schultergürtels fördert und unterstützt die Einatmungsbewegung.

Diese beiden unterschiedlichen Atmungsbewegungen sind allerdings
nur selten isoliert zu betrachten, sondern zumeist in Kombination,
wobei die TENDENZ ZUR RUHEATMUNG bzw. die TENDENZ ZUR LEI-
STUNGSATMUNG unbewußt situationsangemessen reguliert wird, je
nach der körperlichen Belastung bzw. der zu erwartenden Belastung.
So verändert sich die Atmungsbewegung in psychischen Streßsituationen noch bevor die körperliche Leistung (genetisch Flucht oder Kampf)
eintritt.

SPRECH-ATMUNG
auch: kombinierte Atmung, Vollatmung, Costo-Abdominal-
Atmung, respiratio phonatoria.

Die physiologisch richtige Sprechatmung ist mit keiner der oben
beschriebenen »reinen« Atmungsarten identisch, sie tendiert
aber in ihrer Atmungsbewegung zur RUHEATMUNG. D.h., bei
der Einatmung flacht sich das Zwerchfell ab, die Bauchdecke
wölbt sich, und der untere Brustkorb weitet sich, während seine

oberen Bereiche und die Muskulatur des Schultergürtels unbeteiligt bleiben. Während aber Ein- und Ausatmungsphase in der Ruheatmung etwa gleich lang dauern, ist die Sprechatmung durch eine kürzere Einatmungsphase und eine deutlich verlängerte Ausatmungsphase charakterisiert. Zudem ist das Einatmungsvolumen größer.

Die beschriebene Sprechatmung ist notwendig und in Sprechsituationen physiologisch allein richtig,

△ weil durch die Zwerchfellbewegung ca. 2/3 des Atemvolumens gefördert werden und deshalb nur so die für das Sprechen notwendige Atemmenge zur Verfügung steht,

△ sonst kommt es häufig zu Zwischenatmungen und Unterbrechungen von Sinneinheiten,

△ weil nur durch ein Wechselspiel zwischen Zwerchfell und Bauchdeckenspannung die für die Lautgebung notwendigen feinen Abstufungen möglich sind und

△ weil nur so viele andere, mit der Leistungsatmung z.T. physiologisch gekoppelte Streßfaktoren verhindert werden können (s.o.).

Denn die Atmung ist der einzige biologische Funktionsablauf des Körpers, der sowohl unwillkürlich abläuft als auch willkürlich gesteuert werden kann. (Die Atmung geschieht völlig unbewußt, z.B. während der Ohnmacht, sie kann aber auch sehr bewußt beeinflußt werden, etwa beim Sprechen oder Singen).

Deshalb ist über die Atmung eine unmittelbare Einflußnahme auf Spannungsverhältnisse und auf – das Sprechen behindernde – Streßfaktoren sowie andere vegetative Funktionen (z.B. Blutdruck, Herzrhythmus) möglich. Wie sich vegetative Störungen auch im Sprechen auswirken können (z.B. Verspannung der Sprechmuskulatur, Verlassen des Hauptsprechtonbereichs, Resonanzverlust der Stimme, Konzentrationsmangel), so lassen sich umgekehrt durch richtige Sprechatmung vegetative Funktionen günstig beeinflussen, Verspannungen abbauen, Nervosität und Lampenfieber dämpfen.

GRUNDSÄTZE ZUR SPRECHATMUNG

△ Achten Sie auf die richtige Atmungsbewegung:
bei der Einatmung Wölben der Bauchdecke, Weitung des unteren Brustkorbes, Ruhestellung des Schultergürtels.

△ Bei richtiger Einatmung reicht die Atemmenge zum Sprechen aus. Deshalb vor dem Sprechen **niemals** absichtlich tief einatmen.
Kein »Luftschnappen« oder »Vollpumpen« vor dem Sprechen; das wirkt nur belastend. Sinnvoller ist das entspannte Ausatmen. Das Gefühl, nicht genug Luft zu haben, hat seinen Ursprung zumeist nicht in einer schlechten **Ein**-Atmung sondern in einer mangelhaften **Aus**-Atmung.

△ Lassen Sie sich Zeit zur Ein- und Ausatmung, sinnvolle Sprechpausen fördern auch die richtige Sprechatmung.

△ Sprechatmung ist kombinierte Mund-Nasen-Atmung. Während großer Sprechpausen, z.B. zwischen Sinneinheiten, Redeabschnitten etc., atme man durch die Nase ein. Bei der Nasenatmung wird die Luft gereinigt, gewärmt und angefeuchtet.
Der Weg von chronischer Fehlatmung zur physiologisch richtigen Sprechatmung geht nur über ein systematisches Training unter fachkundiger Anleitung.

Wenn Sie die Übungshinweise des Seminars zur Ruhe- und Sprechatmung befolgen, erinnern Sie sich an die beiden wichtigsten Grundsätze für Atmungsübungen:

1. **Vor jeder bewußten Kontrolle der Atmungsbewe-gung zunächst entspannt und tief ausatmen.**

2. **Nichts zwingen, weder in der Zeit noch in der Inten-sität; spüren Sie Ihren natürlichen, individuellen Atemrhythmus.**
Versuchen Sie, in entsprechenden Übungen Ihr Sprechen mit Ihrem individuellen Atemrhythmus in Einklang zu brin-gen.
Das ist besonders wichtig, wenn Sie Atmungsübungen aus dem Gesangsunterricht kennen (mit der sog. »Atemstütze« etc.); was für das Singen richtig ist, kann für das Sprechen problematisch sein.

Beobachtungsbogen:
Nonverbales Verhalten

Wer lernt, nonverbalen Signalen nachzuspüren, für ihren Empfang sensibel zu werden, kann rhetorische Prozesse leichter erfassen.

Äußerlichkeiten **allein** soll allerdings nie ein zu großes Gewicht gegeben werden; durch die Art und Weise, **WIE** man etwas sagt, wird das, **WAS** man sagt, bestimmt. Das Wissen um und das Registrieren von nonverbalen Verhaltensweisen läßt Sprachliches, das »Gemeinte«, oft erst verständlich werden; die Gefahr, durch das unbewußte Aufnehmen nonverbaler Signale zu Fehlinterpretationen zu kommen oder selbst mißverständliche Signale auszusenden, wird geringer.

Ein vertieftes Wissen um das Nonverbale macht frei für den Inhalt, läßt die Gewichtigkeit der Argumente besser zur Geltung kommen.

Der nächste Lernschritt dient daher der gezielten Beobachtung nonverbalen Verhaltens.
Das kann in einer Gruppe geschehen, aber auch allein, etwa vor dem Fernsehgerät.

Die Beobachtung fremden Verhaltens ist die Vorstufe für die spätere Selbstkontrolle.

Durch diesen Beobachtungsbogen können Sie lernen, möglichst viele nonverbale Signale bewußt wahrzunehmen und zu gewichten, d.h. von einem bloß intuitiven Eindruck zu einer fundierten Beurteilung einer Sprechleistung zu kommen.

BEOBACHTUNGSBOGEN: NONVERBALES VERHALTEN

Sprecher(in):   Thema:

Datum: Sprechsituation:

NONVERBALER GESAMTEINDRUCK

Sicherheit:

Kontakt:

Verständlichkeit:

Überzeugung/Glaubwürdigkeit:

Engagement:

BEOBACHTUNGSBOGEN: NONVERBALES VERHALTEN

Visueller Eindruck:

△ Haltung und Auftreten

△ Gestik

△ Mimik

△ Blickkontakt

△ Sonstiges

Auditiver Eindruck:

△ Stimme und Stimmlage

△ Aussprache (Mundart, Deutlichkeit)

△ Lautstärke

△ Sprechgeschwindigkeit, Pausen

△ Sprechmelodie

△ Variation in der Betonung

△ Sonstiges

**Tritt fest auf,
machs Maul auf,
hör bald auf.**

(Luther)

**Sage nicht alles,
was Du weißt,
aber wisse alles, was Du sagst.**

(Matthias Claudius)

**Pectus est, quod disertos facit,
et vis mentis.**
«Gefühl und Geisteskraft sind es,
die den Redner machen.»

(Quintilian, De institutione oratoria 10, 7)

3
Rede

Bei der Rede unterscheiden wir zwischen
   a) der **informativen** Rede
   b) der **persuasiven** Rede
   c) der **situativen** Rede.

a) Die **informative** Rede umfaßt alle jene Redesituationen,
   bei denen die Vermittlung von Fakten, von Wissen, von Informationen im Vordergrund steht.
   (z.B.: Sach-Vortrag, Referat, Vorlesung etc.)

b) In der **persuasiven** Rede versucht der Redner, meinungs-
   bildend zu werden: d.h. bestehende Meinungen zu bekräf-
   tigen oder zu neuer Meinung zu überzeugen.
   (z.B.: politische Rede, Kommentare etc.)

c) Unter **situativer** Rede subsumieren wir alle Reden und An-
   sprachen, die zu bestimmten Anlässen gehalten werden
   (z.B.: Trauerrede, Jubiläumsansprache, Festrede etc.). Häufig spricht man auch von Gelegenheitsreden.

   Jede Rede steht in einer bestimmten »Sprech**situation**«. Mit der
   Bezeichnung »situative Rede« betonen wir, daß in dieser Redegat-
   tung weder Information noch Meinungsbildung eine besondere
   Rolle spielen. Sie richtet sich in Inhalt, Form und Vortragsweise ganz
   an der jeweiligen Situation, ihrem Anlaß, aus.

In der Praxis vermischen sich diese reinen Formen häufig, so
daß nur noch von der Prädominanz einer der drei Arten ge-

sprochen werden kann: entweder steht das informierende, das persuasive oder das situative Element im Vordergrund.

> Z.B. bei einer Rede des Ortsvorsitzenden einer Partei in einer Jahresabschlußfeier: der Anlaß deutet auf eine situative Rede; dennoch wurden vielleicht Informationen an die Parteimitglieder weitergegeben, etwa zur parteipolitischen Entwicklung im vergangenen Jahr; sicher wird auch vom Notwendigen des neuen Jahres zu sprechen sein, werden die Parteifreunde in ihren politischen Ansichten bekräftigt, zu neuen Unternehmungen aufgefordert etc.

Die obige Einteilung läßt sich somit häufig nur auf bestimmte Rede**teile** beziehen.

Der Versuch einer Abgrenzung bringt redepädagogisch aber den Vorteil, sich über den genauen Redezweck seines geplanten Vortrages klar zu werden, ihn genau zu bestimmen.

In den nächsten Kapiteln werden folgende Kernprobleme der Rede angesprochen:

1. **Verständlichkeit**
   (Kapitel 3.1,)

2. **Rede-Gliederungen**
   (Kapitel 3.2)

3. **Stichwortkonzept**
   (Kapitel 3.3)

4. **Rhetorische Stilmittel**
   (Kapitel 3.4)

5. **Sprechdenken**
   (Kapitel 3.5)

3.1
Verständlichkeit

Die Wirkung des gesprochenen Wortes hängt wesentlich davon ab, inwieweit der Hörer in der Lage ist, den Text zu **verstehen**. Gleich, ob man informieren oder überzeugen will, Fakten und Argumente nützen nur, wenn sie verstanden und behalten werden können. Jeder Redner hat die Verpflichtung, sich um ein hohes Maß an Verständlichkeit während des Sprechens zu bemühen. **»Verständlichkeit hat eigene sittliche Qualitäten: Sie bewahrt die Mitmenschen vor ungerechtfertigtem Zeit- und Energieverlust und vor durch Mißverständnisse hervorgerufenen sozialen Konflikten.«** (S. BERTHOLD)
Das gilt für die verschiedensten Bereiche: für die Information in beruflichen Situationen ebenso wie im Verein, in der Partei oder ganz besonders in der Schule. Wieviele zigtausend Stunden überflüssigen Lernens müssen aufgebracht werden, weil die Unterrichtenden sich keine Gedanken darüber machten, wie **verständlich** sie informierten.

Aber auch unabhängig von der Schule: jeder hat ein Recht darauf, wirklich »informiert« zu werden, und d.h., ohne besondere Anstrengung »verstehen« zu können: in einem Vortrag ebenso wie in einer Predigt oder einer dienstlichen Anweisung!

Daher kam und kommt in der Rhetorik dem sprachlichen Ausdruck und der Verständlichkeit zentrale Bedeutung zu.

Beim geschriebenen Text hat der Leser zumeist die Möglichkeit,

△ die Lesegeschwindigkeit selbst zu bestimmen,

△ durch das Inhaltsverzeichnis den großen Überblick zu behalten,

△ schwierige Passagen mehrmals zu lesen,

△ unbekannte Fachbegriffe und Fremdwörter nachzuschlagen.

Außerdem kann durch die typographische Gestaltung (Groß- und Kleindruck, Kursivbuchstaben, Unterstreichungen, Einrückkungen, etc. ...) Wesentliches hervorgehoben, die innere Gliederung eines Textes unterstützt, optisch sichtbar gemacht werden.

Alle diese Möglichkeiten entfallen beim **gesprochenen** Text. Um so mehr ist es notwendig, sich über die eigene Verständlichkeit Gedanken zu machen, gesprochene Texte auf Band aufzunehmen und anschließend noch einmal zu analysieren.

Für schriftliche Texte haben LANGER/SCHULZ von THUN/TAUSCH (1981) ein ausgezeichnetes Trainingsprogramm zusammengestellt; die folgenden Überlegungen gehen von den wissenschaftlichen Ergebnissen dieser Autoren sowie vor allem den Arbeiten von GROEBEN (1982) aus und erweitern sie in den Bereichen, die für die gesprochene Sprache zusätzlich wichtig sind, um eigene Untersuchungsergebnisse.

Nach dem heutigen Stand rhetorischer Forschung sind für die Verständlichkeit gesprochener Texte zu beachten:

△ **Gliederung und Ordnung** (Kapitel 3.1.1)

△ **Einfachheit des Ausdrucks** (Kapitel 3.1.2)

△ **Auswahl der Information** (Kapitel 3.1.3)

△ **Anregung und Interesse** (Kapitel 3.1.4)

△ **Visuelle Hilfsmittel** (Kapitel 3.1.5)

△ **Hörergerechte Darbietung** (Kapitel 3.1.6)

△ **Sprechweise** (Kapitel 3.1.7)

3.1.1
Gliederung und Ordnung

Das mit Abstand wichtigste Merkmal eines verständlichen Textes ist das **Prinzip von Gliederung und Ordnung**. Hierzu zählen wir

△ den Überblick am Anfang,

△ die innere Gliederung, den Gedankengang,

△ die äußere Ordnung, d.h. die für den Hörer erkennbare Gliederung,

△ die Zusammenfassungen.

DER ÜBERBLICK AM ANFANG

Ein gesprochener Text gewinnt erheblich an Verständlichkeit, wenn der Zuhörer stets weiß, welche Gedanken ihn als nächste erwarten. Deshalb ist es bei **informativen** Reden empfehlenswert, bei komplexen Inhalten sogar notwendig, zu Beginn eine Grobgliederung vorauszuschicken. Der satirisch gemeinte Tucholsky-Ratschlag für den schlechten Redner »Du mußt Dir nicht nur eine Disposition machen, Du mußt sie den Leuten auch vortragen – das würzt die Rede«, dieser Vorwurf richtet sich an jenen typisch deutschen Wesenszug, eine Sache um ihrer selbst willen zu tun; am Anfang stehe also keine Gliederung mit: 1., 2., a) b) c) 3., 4. usw. Das würde nicht nur die Würze nehmen, sondern auch die Aufnahmefähigkeit des Hörers übersteigen.

Gemeint ist der **Überblick**, der am Anfang steht; nicht unbedingt am absoluten Anfang einer Rede, sondern dem eigentlichen Informations- oder Argumentationsteil vorangestellt.

Das könnte etwa so klingen: »Heute abend geht es mir um 4 Fragen . . .«
Quintilian verglich die Ankündigung der Gliederung mit Meilensteinen, die dem Wanderer einen Teil der Mühe abnehmen, weil er immer weiß, was er noch vor sich hat!

INNERE GLIEDERUNG; GEDANKENGANG

Gemeint ist der Aufbau, die Redegliederung.
Seit der Antike haben sich Rhetoriker wie Rhetoren (also Redelehrer wie Redner) Gedanken über den wirksamsten Redeaufbau gemacht.
Wir werden in einem eigenen Kapitel (3.2. S. 101) auf diese Frage zurückkommen.

Im Zusammenhang mit der Verständlichkeit sei lediglich betont,
1. daß im mündlichen Vortrag ein deduktiver Argumentationsaufbau (z.B. vom Grundsätzlichen in die Einzelprobleme) prinzipiell leichter nachzuvollziehen ist als ein induktiver (z.B. aus vielen Einzelfakten ein Gesamtergebnis entstehen zu lassen);
2. daß im mündlichen Vortrag reihende Disposition (z.B. sechs Gesichtspunkte, nämlich 1., 2., 3., 4., 5., 6.) unterordnender (z.B. zwei Hauptgesichtspunkte mit je drei Unterpunkten: 1 a, b, c; 2 a, b, c,) aus Gründen der Verständlichkeit vorzuziehen ist.

ÄUSSERE ORDNUNG

Von ebenso großer Bedeutung bei mündlicher Informationsweitergabe ist neben der inneren Gliederung die äußere Ordnung, d.h. die **für den Hörer erkennbare Gliederung**.
Der rote Faden muß nicht nur inhaltlich gegeben sein, er muß auch beim Sprechen deutlich bleiben.

Je klarer die Strukturierung erkennbar ist, um so mehr Einzelfakten können verstanden und behalten werden.

Man vergegenwärtige sich, welche Mühe der Setzer einer (auch dieser) Informationsschrift darauf verwendet, die Gliederung sichtbar zu machen:

△ durch Fett- und Kursivdruck
△ durch Einrücken
△ durch Leerzeilen zwischen den Absätzen
△ durch Unterstreichungen verschiedenster Art
△ durch unterschiedlichste Numerierungen
△ durch das Beginnen einer neuen Seite etc. etc.

All das muß im mündlichen Vortrag durch anderes verdeutlicht werden. Auch hier muß Wesentliches vom Unwesentlichen unterschieden werden, muß ein neuer Redeabschnitt als solcher erkennbar sein, muß die gedankliche Gliederung für den Hörer erhalten bleiben.

Dazu sind viele inhaltlich redundante (überflüssige), also nicht informationstragende Einschübe nötig. Z.B.

△ »Ich fasse jetzt die Gedanken des ersten Problemkreises noch einmal zusammen . . .«
△ »Ich werde jetzt drei Fragen beantworten . . .«
△ »So viel zu den Voraussetzungen. Was bedeutet das aber für uns? . . .«
etc. etc.

ZUSAMMENFASSUNGEN

Bleibt als letztes wichtiges Kriterium der »Gliederung und Ordnung« die Zusammenfassung: nicht nur am Ende der Rede bzw. des Vortrages, sondern oft auch während der Rede – am Ende einzelner Abschnitte. Das Wesentliche wird noch eimal klar hervorgehoben. Konnte der »Überblick am Anfang« den Text **vor**strukturieren, so kann die Zusammenfassung **nach**strukturieren und so die Verständlichkeit einer Rede erheblich erhöhen.

3.1.2
Einfachheit des Ausdrucks

Zur Einfachheit des Ausdrucks rechnen wir

△ Satzlänge und Satzbau

△ Fremd- und Fachwortgebrauch

△ Konkretheit der Sprache.

Alle drei Kriterien sind auf der stilistischen Seite dafür verantwortlich, wie leicht oder schwer ein Text für den Hörer verständlich ist.

Im folgenden geben wir Hinweise und Grundsätze, die helfen können, den eigenen Stil zu verbessern.

SATZLÄNGE UND SATZBAU

F. Th. VISCHER traf die Unterscheidung zwischen einer **Rede** und einer **Schreibe**. Diese Unterscheidung gilt vor allem für die Syntax, also den Satzbau.

Was sich gut liest, hört sich schlecht, bleibt gültiger Grundsatz, auch hinsichtlich der Verständlichkeit.

Für den gesprochenen Text gilt: er ist um so verständlicher

△ je kürzer die Sätze sind,

△ je mehr Hauptsätze er enthält,

△ je weniger Schachtelsätze und lange Satzperioden verwendet wurden,

△ je weniger Passivsätze er enthält.

Für die Satzlänge lassen sich schwerlich absolute Zahlen angeben, obwohl dies oft in der Literatur geschieht: Redethema, Hörerschaft, Schwierigkeit der jeweiligen Textstelle etc. lassen absolute Angaben nicht zu. Beim Bemühen um einen leicht verständlichen Sprechstil ist deshalb die Tendenz wichtig. Klassifizierungen wie die von HASELOFF:

> kurze Sätze: bis zu 8 Wörter
> mittellange Sätze: 9 bis 22 Wörter
> lange Sätze: 23 und mehr Wörter

sind bestenfalls Richtwerte und Anhaltspunkte, wenn die **durchschnittliche Länge** der Sätze im Gesamttext errechnet werden soll. Denn **nur** kurze Sätze: der Text wird langweilig, uninteressant; die Hörer schalten ab, Verständlichkeit sinkt!

Dennoch: oft ist der Stil weit komplizierter als man denkt und in der Tat erschwerend für das Verstehen. Eigene Untersuchungen haben gezeigt, daß die Werte für Satzlänge und Satzbau bei Teilnehmern zu Beginn eines Rhetorikseminars ganz erheblich ungünstiger liegen als etwa die Werte bei professionellen Rednern (Politikern, TV-Moderatoren etc.). Gerade der stilistische Bereich ist aber durch Übung und Training gut zu verbessern.

FREMD- UND FACHWORTGEBRAUCH

Dem Hörer unbekannte Fremdwörter und Fachtermini erschweren die Verständlichkeit. Dennoch kann nicht immer auf das häufig treffende Fach- oder Fremdwort verzichtet werden. In diesen Fällen gilt:

1. Zuerst gebe man die Umschreibung, die Erklärung, dann das Fremdwort. Sonst besteht die Gefahr, daß der Hörer bei einem ihm unbekannten Begriff über dessen Bedeutung nachdenkt oder eigenen (anderen) Gedanken nachgeht. In

beiden Fällen verpaßt er evtl. die spätere Erklärung des Fremdwortes.

2. Unbekannte Fremd- und Fachwörter werden meist nur für kurze Zeit behalten. Deshalb: bei erneutem Auftauchen des Begriffes, erneut Erklärung mitgeben (jetzt kann i.d.R. ohne Informationsverlust die Reihenfolge erst Fremdwort, dann Erklärung gewählt werden).

3. Schwierige Begriffe prägen sich leichter ein, wenn man sie zusätzlich liest. Wenn möglich, Tafel, Overhead-Projektor etc. benutzen.

KONKRETHEIT DER SPRACHE

Das Maß dafür, wie konkret oder abstrakt ein Text ist, läßt sich (nach GÜNTHER/GROEBEN 1978) leicht errechnen:
Man zählt alle Hauptwörter, die in einem Text vorkommen. Dann werden gesondert die Hauptwörter gezählt, die eine der folgenden Endungen besitzen:

-heit	**-ität**
-ie	**-keit**
-ik	**-enz**
-ion	**-tur**
-ismus	**-ung**

Jetzt bilde man fogenden Quontienten:

$$\frac{Sa}{N} = \text{Maß der Konkretheit des Textes}$$

Dabei bedeuten:

Sa = die Anzahl der Hauptwörter mit einer der zehn abstrakten Endungen
N = die Anzahl aller Hauptwörter im untersuchten Text

Sie erhalten so ein Ergebnis zwischen 0.00 und 1.00.
Die Werte bedeuten:

0.00 – 0.05	sehr konkret
0.06 – 0.15	konkret
0.16 – 0.25	mittelmäßig
0.26 – 0.30	abstrakt
0.31 – 1.00	sehr abstrakt.

Wenn Sie dieses Kapitel einschließlich der Überschrift, dieses Satzes und des Schlußsatzes auszählen, erhalten Sie:

$$Sa = 4; N = 27$$

$$\frac{Sa}{N} = \frac{4}{27} = 0.15$$

Die Sprache dieses Abschnittes ist also noch konkret, trotz des recht abstrakten Inhaltes.

3.1.3
Auswahl der Information

Durch das Kriterium »AUSWAHL DER INFORMATION« soll unangemessene Weitschweifigkeit vermieden werden.

a) Zunächst zur Gesamtlänge eines mündlichen Beitrages, sei es ein Vortrag, eine Rede oder eine Äußerung in der Diskussion:
Die Gesamtlänge darf die Erwartung der Hörer in der speziellen Situation nicht überschreiten.
Wird die erwartete oder die in dieser Situation übliche Gesamtlänge überschritten, schaltet der Hörer frühzeitig ab.

b) Die Länge einzelner Teile soll ihrer Bedeutung in der Gesamtaussage entsprechen. Von der Länge eines Redeteiles schließt der Hörer häufig auf dessen Gewichtung. Bei Überlänge nicht wesentlicher Teile besteht die Gefahr der Unverständlichkeit der Gesamtaussage.

c) Einzelheiten, Beispiele, Vergleiche, eingeschobene Erzählungen, Argumente etc. sind auf ihre Funktion im Gesamtzusammenhang zu prüfen.
Vieles fällt dann wegen einer besseren Verständlichkeit des Gesamttextes weg.

Beste Übung: Erklären Sie ein komplexeres Spiel (Schafkopf, Skat, Bridge, Schach etc.). Hier lernen Sie, Wichtiges von Unwichtigerem zu unterscheiden, die wichtige und notwendige Information auszuwählen.

3.1.4
Anregung und Interesse

Unter Anregung und Interesse fassen wir alle Stilmittel zusammen, die den Hörer motivieren können, weiter zuzuhören, die seine Aufmerksamkeit wecken und erhalten.

Hierzu gehören Ausrufe, wörtliche Rede, rhetorische Fragen zum Mitdenken, lebensnahe Beispiele aus der Erlebniswelt der Hörer, direktes Ansprechen des Hörers, Reizworte, witzige Formulierungen und vieles mehr.

Die Bereitschaft zuzuhören und die Behaltensleistung eines Hörers hängen sehr eng zusammen; insofern kommen anregenden und interesseweckenden Inhalten und Stilmitteln erhebliche Bedeutung zu.

Auf drei Möglichkeiten zur Interesse-Weckung soll im Zusammenhang mit gesprochenen Texten besonders hingewiesen werden:

a) Hörer- und Situationsbezug

Damit ist gemeint, daß jedes Eingehen auf Probleme, Motive, Gefühle (und vielleicht auch Vorurteile) der jeweiligen Hörer, Berichte und Beispiele aus ihrem Kreis, das Aufzeigen der Bedeutung der besprochenen Sache für sie Aufmerksamkeit wecken.

Hörerbezug heißt auch, in der Sprach- und Sprechebene den Erwartungen und Befürchtungen der Hörer gerecht zu werden. In gleicher Weise ist es notwendig, die jeweilige

Kommunikationssituation zu berücksichtigen. Jeder verbal hergestellte Bezug zur augenblicklichen Situation kann zusätzliches Interesse wecken.

b) Beispiele und Vergleiche

Anschauliche Beispiele und Vergleiche gestalten den Vortrag nicht nur abwechslungsreich, sondern sind auch wesentliche Hilfen zur Inhaltserfassung.

Auf die Gefahr nicht passender Beispiele und schiefer Vergleiche sei nur hingewiesen.

Beispiele und Vergleiche sollten nicht der spontanen Eingebung überlassen werden, sondern genauso vorbereitet sein wie andere Inhaltsaspekte (vgl. auch Kapitel 3.4)

c) Sprachliche Gestaltung

Zur sprachlichen Gestaltung gehören neben den unter Kapitel 3.1.2 genannten Merkmalen auch bewußt eingesetzte Stilmittel:

sog. rhetorische Fragen, Ausrufe, direkte Rede u.v.m. Man erinnere sich an das bekannte NIETZSCHE-Wort:

Den Stil verbessern heißt auch, den Gedanken verbessern.

(Vgl. Kapitel 3.5)

3.1.5
Visuelle Hilfsmittel

In Sachvorträgen kann die Verständlichkeit erheblich erhöht werden durch den sinnvollen Einsatz visueller Hilfsmittel. Hierzu zählen (neben der alten und bis heute bewährten Tafel) vor allem Overhead-Projektor, Dia und Film.

Der Overhead-Projektor ist heute zum meistverwandten visuellen Hilfsmittel bei Referaten, Vorträgen und Vorlesungen geworden. Er bietet drei wesentliche Vorteile:

△ er ist ohne Vorbereitung einsatzbereit; die Folien werden einfach aufgelegt,
△ der Vortragsraum kann hell bleiben,
△ der Vortragende behält immer Blickkontakt mit seinen Hörern, er steht nicht zur Tafel.

Außerdem können auf den Overhead-Projektor sowohl vorbereitete Folien aufgelegt werden als auch neue während des Vortrages (z.B. bei einer Verständnisfrage durch den Hörer) geschrieben werden.

Diese Praktikabilität des Overhead-Projektors ist auch eine Verführung und hat in vielen Fällen Verständlichkeit nicht erhöht, sondern im Gegenteil herabgesetzt. Denn nicht alles Visuelle muß das Gesprochene sinnvoll unterstützen.

Für den Einsatz visueller Hilfsmittel und insbes. des Overhead-Projektors sind die folgenden sechs Grundsätze zu beachten:

1. Jedes Umschalten von auditiver und visueller Informations-aufnahme kostet Aufmerksamkeit.

   FOLGERUNG:

   Zeit lassen zum Umschalten, den neuen Informations-kanal ankündigen etc.

2. Folien, Dias etc. dürfen nur das enthalten, was der Hörer auch lesen kann – und soll.

   FOLGERUNG:

   Weniger auf der Folie ist zumeist mehr.

3. Jedes Bild muß eine bestimmte Funktion haben.

   FOLGERUNG:

   Man frage sich, warum gerade jetzt dieses Bild, diese Folie gezeigt werden soll.

4. Was sich mühelos verbal ausdrücken läßt, braucht nicht zu-sätzlich visuell dargeboten zu werden.

   FOLGERUNG:

   Folien sind kein Ersatz für ein Stichwortkonzept.

5. Visuell dargebotene Information kann zum Abschalten des Hörers auf anderen Kommunikationskanälen führen (er sieht nur noch).

   FOLGERUNG:

   Die Aufmerksamkeit des Hörers muß bewußt ge-steuert werden.

   (z.B.: »Zu den Größenverhältnissen sehen Sie jetzt eine Gra-phik . . .« – Folie zeigen – Pause – Folie erklären.)

6. Viele Bilder sind erst interessant, wenn es mindestens 18 Stück pro Sekunde sind (dann ist es ein Film!).

   FOLGERRUNG:

   Gerade für die Arbeit mit dem Overhead-Projektor gilt: weniger Folien sind oft mehr.

3.1.6
Hörergerechte Darbietung

Inwieweit ein Sprecher in seiner Darbietung eines Stoffes verständlich ist, das hängt natürlich auch ganz wesentlich vom jeweiligen Hörer, dem Empfänger seiner Informationen, ab.

Hier sind zu nennen:

△ Soziale Schicht
  (d.h. inwieweit ist es der Hörer gewohnt, selbst in der Weise zu reden wie der Sprecher)
△ Bildungsniveau
△ Vorinformationen
  (und Vorwissen über den Inhalt, der gerade vorgetragen wird)
△ die jeweilige (Zu-) Hörsituation.

Daneben gibt es aber auch weitere affektive, gefühlsmäßige Einflußgrößen auf seiten des Hörers:

△ Einstellung zum Sprecher
  (das kann vom Aussehen bis zur politischen Richtung gehen)
△ Einstellung zum Gesagten
  (ist man anderer Meinung, hört man oft gar nicht hin – und kann folglich auch nichts verstehen und behalten)
△ Motivation
  (z.B. etwas – für eine Prüfung – behalten zu müssen)
△ das allgemeine Interesse am Thema
△ die selektive (unbewußt auswählende) Wahrnehmung.

All das beeinflußt die Verständlichkeit auf seiten des Hörers. Der Redner kann nicht alle diese Faktoren beeinflussen; aber er muß sie überdenken und berücksichtigen, wenn er spricht. Nur dann kann er davon ausgehen, bei den Hörern auch »anzukommen«, und das heißt in diesem Zusammenhang: verstanden zu werden.

3.1.7
Sprechweise

Im Kapitel 2.1.3 (S.45ff) wurde bereits ausführlich auf die Sprechweise eingegangen. Unsere Untersuchungen haben ergeben, daß auch schwierige Texte noch recht gut zu verstehen sind, wenn sie **verständlich vorgetragen** werden – und umgekehrt: der beste »Text« nützt nichts, wenn der Sprecher gegen die wichtigsten Grundsätze verständlichen Sprechens verstößt. Sie seien deshalb hier noch einmal zusammengefaßt.

1. DEUTLICHE ARTIKULATION
D.h.: deutliche Aussprache statt »laut und undeutlich«. Das hat mit der Frage nach dem Dialekt noch nicht einmal etwas zu tun: Man kann im Dialekt wie in der Standardaussprache deutlicher und undeutlicher sprechen. Das Maß der Deutlichkeit hängt von der Situation und der Größe sowie der Akustik des Raumes ab.

2. ANGEMESSENE SPRECHGESCHWINDIGKEIT
Wir hörten schon: das heißt nicht einfach »sprich langsam«. Angemessene Sprechgeschwindigkeit heißt: Sprich nicht so schnell, daß alles ineinandergeht, aber auch nicht so langsam, daß die einzelnen Sätze »auseinanderfallen«. Statt dessen sind deutliche und ausreichend lange Pausen notwendig!

3. SINNVOLLE BETONUNG
Ein häufiger Fehler ist, zu deutlich sprechen zu wollen – und d.h. oft, zu viel zu betonen. Man merke sich eine Faustregel: In

einem Satz hat immer nur **ein Wort** den Hauptakzent. Zu viele Betonungen lassen das Wesentliche nicht mehr erkennen – die aufgenommene Information ist willkürlich, die Verständlichkeit eines Textes sinkt!

4. VIELE STIMMSENKUNGEN

Am Ende eines Gedankens ist es notwendig, mit der Stimme deutlich herunterzugehen. So signalisiert man dem Hörer: »Gedankenende«; er kann sich auf den nächsten Gedanken einstellen. Die Verständlichkeit eines Sprechers/einer Sprecherin hängt wesentlich von der Zahl der Stimmsenkungen ab! Hier kann nur die häufige Überprüfung mit dem Tonband helfen.

5. KEINE ÜBERHÖHTE STIMMLAGE

Wir sprachen bereits vom »Brustton der Überzeugung«. Dieser »Brustton«, wie man in der Umgangssprache sagt, also die nicht verspannte natürliche Sprechstimmlage, ist auch für das informierende Sprechen von großer Bedeutung. Ein **stetes** Überschreiten des Hauptsprechtonbereiches, also ein zu hohes Sprechen über einen längeren Zeitraum, beeinflußt die Verständnisfähigkeit des Hörers. Deshalb ist ein Achten auf die Stimmlage besonders wichtig – auch wenn man informieren will. Der »Brustton der Überzeugung« ist also auch der »Brustton der Information«!

6. ABWECHSLUNGSREICHES SPRECHEN

Langweiliges, monotones Sprechen zwingt zum Abschalten. Darüber hinaus ist der Hörer auch gar nicht in der Lage, Wichtiges von Unwichtigem zu unterscheiden. Wichtiges Merkmal des verständlichen Sprechers ist es deshalb: variationsreich sprechen zu können. Hierzu ist oft eine sprecherzieherische Schulung notwendig. Vieles allerdings kann man auch selbst trainieren und verbessern.

Arbeitsblatt IV
Verständliches Sprechen

Verständliches Sprechen muß trainiert werden. Hier einige Trainingshinweise:

1. Übersetzen Sie Zeitungsartikel in mündliche Sprache.
2. Erklären Sie einen Begriff aus dem eigenen Arbeitsbereich für Laien.
3. Erklären Sie ein Spiel.
4. Geben Sie eine mündliche Gebrauchsanleitung (z.B. eines Gerätes, einer Maschine etc.).

Diese Übungen nach Möglichkeit auf Band aufnehmen oder einem Hörerkreis vortragen und nach den Gesichtspunkten des vergangenen Kapitels analysieren.

ÜBUNG:
Übersetzen Sie folgenden Paragraphen des BGB in verständlich ansprechende Sprache.
Definieren Sie vorher genau die Zielgruppe (Jugendliche, Kollegen etc.), vor der Sie sprechen wollen.

§ 839 Amtspflichtverletzung
Verletzt ein Beamter vorsätzlich oder fahrlässig die ihm einem Dritten gegenüber obliegende Amtspflicht, so hat er dem Dritten den daraus entstehenden Schaden zu ersetzen. Fällt dem Beamten nur Fahrlässigkeit zur Last, so kann er nur dann in Anspruch genommen werden, wenn der Verletzte nicht auf andere Weise Ersatz zu erlangen vermag . . .

**»Alle Fehler verzeihe ich gern,
nur nicht Fehler in der Disposition.«**

(Herder)

3.2
Rede-Gliederung

Seit der antiken Rhetorik nehmen Fragen der Redegliederung in allen Lehrbüchern einen breiten Raum ein.

Redethema, Zielgruppe, Redeabsicht, Redesituation etc. bedingen eine jeweils **eigene** Gliederung, die gut durchdacht sein will. Nicht einmal die »Binsenweisheit«, eine Rede bestehe immer aus Einleitung, Hauptteil und Schluß, stimmt für **alle** Fälle.

Im folgenden finden Sie Beispiele aus der antiken Rhetorik, Beispiele für eine Meinungsrede, die bekannte AIDA-Formel, den Aufbau einer Verhandlungsrede, Grundsätze für den Sachvortrag, die informative Kurzrede, sieben Argumentationsstrukturen und Hinweise für den Rede-Einstieg und -Schluß.

Alle diese Beispiele für den möglichen Redeaufbau sollen zum Nachdenken anregen und können helfen, die für die jeweilige Redesituation und das jeweilige Rede-Thema günstigste (und das heißt eben: immer wieder neu zu findende) Gliederung zu erstellen.

Auf die Bedeutung gegliederten Sprechens wurde oben (Kapitel 3.1.1) ausführlich hingewiesen. Die Verständlichkeit eines Textes hängt primär von einer sachlogischen zielgruppenbezogenen Gliederung ab, die der Hörer während des Vortrages nachvollziehen kann.

3.2.1
Antike Gliederung

Aus der Fülle antiker Dispositionsschemata seien die von ARISTOTELES und CICERO als typisch herausgestellt.

ARISTOTELES (Rhetorik, 3, 13, 1414b)
1. Eingang
2. Darlegung des Sachverhaltes
3. Glaubhaftmachung
4. Redeschluß

Aristoteles wendet sich in seiner Rhetorik (ca. 350 v. Chr.) gegen eine weitere Unterteilung, weil damit die Gliederung nicht mehr für alle Redegattungen passend sei.

CICERO (De oratore, 2, 315-332)
1. Eingang
2. Erzählungen
3. Feststellungen der Streitfrage
4. Beweis und Widerlegung
5. Schluß

Die Erzählung schränkt CICERO ein auf die Situationen, in denen die Schilderung des Sachverhaltes nötig ist. Er fordert dafür Kürze und Klarheit.

Zusammenfassend läßt sich in den bekanntesten antiken Dispositionen folgendes Grundschema wiederfinden:

I. Redeschritt:

Einleitung
– exordium –
Ziel: Aufmerksamkeit,
Aufnahmewilligkeit,
Wohlwollen

II. Redeschritt:

Vorstellen des Problems,
des Themas
– propositio, narratio –
Ziel: »parteiliche«
Schilderung der Sachlage

III. Redeschritt:

Argumentation
– argumentatio –
häufig aufgeteilt in:
△ Darstellung des eigenen
Standpunktes (probatio)
und
△ Widerlegung des gegne-
rischen Standpunktes (re-
futatio)
Ziel: die eigene Problem-
sicht glaubhaft zu machen,
zu überzeugen

IV. Redeschritt:

Redeschluß
– peroratio, conclusio –
Ziel: Das Bewiesene soll noch
einmal »sicher« (certum)
gemacht werden.

3.2.2
Meinungsrede

Wer überzeugen will, muß so motivieren, daß andere ihm zuhören; er muß verständlich informieren und so Stellung beziehen, daß andere ihre bisherigen Meinungen und Haltungen überdenken; dann können auch Begründungen akzeptiert werden, damit der Appell letztlich zum gemeinsamen Handeln führt.

ÜBERZEUGUNGS-MODELL

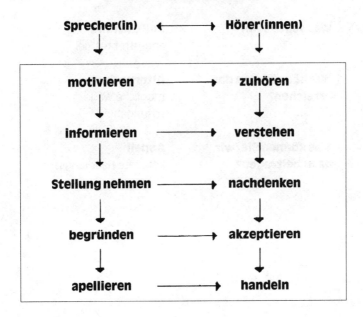

Eine Sonderform der Meinungsrede ist das Gliederungsschema von Richard Wittsack:

Redeziel: Veränderung des bestehenden Zustandes, Einführung neuer Vorgehens- oder Verfahrensweisen etc.

Fünf Fragen kennzeichnen die Redeschritte:

△ **Warum spreche ich?**
Motivation
Problembewußtsein
aktuelle Anknüpfung etc.

△ **Was ist? Wie kam es dazu?**
Ist-Zustand
Schilderung der Situation

△ **Was sollte sein?**
Soll-Zustand
angestrebtes Ziel

△ **Wie könnte man das erreichen?**
Alternativen
mögliche Wege
Lösungen

△ **Was können Sie/wir dazu beitragen?**
Appell
konkrete Handlungsaufforderung

3.2.3
AIDA-Formel

Diese Formel aus der amerikanischen Werbepsychologie hat Eingang in viele Rhetorik-Bücher gefunden:

A = **Attention (Aufmerksamkeit)**
Aufmerksamkeitsweckung; die Angesprochenen sollen bewußt zuhören, »herhören«;

I = **Interest (Interesse)**
Interesseweckung für die zu behandelnde Sache; das Thema wird den jetzt Zuhörenden als interessant und für sie wichtig hingestellt;

D = **Desire (Wunsch)**
Wunsch nach dem Sollzustand; hier werden jetzt die Vorteile für die Zuhörer hervorgehoben, ihre Wünsche und Ziele angesprochen;

A = **Action (Handlungsauslösung)**
Aufforderung zum Handeln; in der Appellphase werden die Wünsche der Hörer ganz bestimmten konkreten, erfüllbaren Lösungen zugeführt, die in die gewünschte Handlung münden.
Kurzfassung: »Hey-You-Why-What«

Vergleichen Sie diese Formel mit dem Redeschema einer Meinungsrede (nach Wittsack):

Attention:
Aufmerksamkeit durch den Schritt:
»Warum spreche ich?«

Interest:
Interesse für das Neue durch den Schritt:
»Was ist, wie kam es dazu?«

Desire:
Wunsch nach dem Soll-Zustand durch den Schritt:
»Was sollte sein?«

Action:
Auslösung durch die Schritte:
»Wie könnte man das erreichen?« und
»Was können Sie/wir dazu beitragen?«

3.2.4
Verhandlungsrede
PERSUASIVE DISPOSITION

1. Sagen, was man hören will Motivation
captatio benevolentiae
Aufmerksamkeit
Hörerbezug
Gemeinsamkeiten

2. Sagen, was ich nicht Themahinführung
sagen will Einschränkungen
Ausklammerungen

3. Sagen, was ich sagen will Argumentation
und
Gegenargumentation
4. Sagen, was man ent- bzw.
gegnen könnte Beweis
und
5. Sagen, was ich sagen will Widerlegung

6. Sagen, was man hören will Verstärkung
Appell

7. Sagen, was man behalten Zielsatz
soll

Zu 1.: Meinungsänderung ist nur erreichbar auf der Grundlage des Wissens, der Urteile und manchmal auch der Vorurteile, der bisherigen Einstellung der Zuhörer bzw. Verhandlungspartner. Das bedeutet auch, das bisherige Verhalten des anderen zu akzeptieren!

Deshalb muß am Anfang vermieden werden, einen Widerspruch herzustellen zwischen dem Wissen und Verhalten des Hörers auf der einen und der neuen (vom Redner gegebenen) Information auf der anderen Seite. Sie führt zu einer inneren Spannung, der sog. **kognitiven Dissonanz**, die der Hörer nicht immer im Sinne der neuen Information zu lösen bereit ist.

Hinzu kommt, daß der Hörer (bzw. Verhandlungspartner) Meinungen des Redners, die von seiner eigenen abweichen, leichter assimiliert (d.h. der eigenen ähnlich findet) und damit annehmen kann, wenn der Redner von gleichen Grundüberlegungen, Zielrichtungen etc. ausgeht. (Es kommt zum sog. **Assimilations- bzw. Kontrasteffekt.**)

Zu 2.: Bei der Hinführung zum Thema ist es notwendig, kurz die Punkte zu erwähnen, über die nicht gesprochen werden soll. Die Thema-Einschränkung ist evtl. zu begründen; der Hörer ist dann aufgeschlossener für das, was gesagt wird.

An dieser Stelle muß auf eine manipulative Technik hingewiesen werden:

Dinge, die ein Verhandlungspartner **nicht** angesprochen haben möchte, werden zu Beginn als besonders wichtig betont; dadurch tritt häufig ein sog. »Beruhigungseffekt« ein (»Der andere sieht das Problem gleich wichtig wie ich«) oder der sog. »Abhakeffekt« (Die besonders betonte Problematik wird unbewußt »abgehakt«, vergessen).

Zu 3   Gegenargumente, Einschränkungen, andere Beurteil-
bis 5.: lungen des Problems können in die eigene Argumentation aufgenommen werden. Dabei genügt häufig eine
bloße Thematisierung dieser Gegenargumente, eine
Widerlegung bleibt überflüssig. Das Nennen von Gegenargumenten erzeugt zumeist eine Immunisierung gegenüber einer evtl. späteren Gegenkommunikation.
**Es wird ohnehin zu oft und zu viel widerlegt und
zu selten und zu wenig akzeptiert.** Trotz Akzeptieren anderer Argumente können die Meinungen oder
Schlußfolgerungen differieren.

Zu 6   Vor dem Appell, der Zielaussage, der abschließenden
und   Zusammenfassung der Kerngedanken ist noch einmal
7.:   auf Gemeinsames hinzuweisen, eine Verknüpfung
zwischen dem neu Vermittelten und dem Vor-Wissen,
zwischen neuer und alter Meinung herzustellen.

**Gute Redner müssen Köpfe sein,
nicht nur Kehlköpfe.**

(Französisches Sprichwort)

3.2.5
Sachvortrag, Referat

Die eigentliche Gliederung des Stoffes ergibt sich aus der jeweiligen Thematik, Redesituation und Redeabsicht. Darüber hinaus aber lassen sich für Sachvorträge und Referate allgemeingültige Grundsätze für die Gliederung mündlich vorgetragener Referate angeben: Wir unterscheiden fünf Redeschritte:

1. Genaue Nennung des Themas und seiner Bedeutung
Die folgenden Informationen können umso besser verstanden werden, je deutlicher der Hörer weiß, worum es geht – und warum sich das Zuhören für ihn lohnt. Deshalb ist am Beginn des Sachvortrages das exakte Umreißen des Themas ebenso wichtig wie die Hervorhebung der Bedeutung des Themas.

2. Kurzer Überblick über die wesentlichsten Ergebnisse des folgenden Referates
Spätere Details können leichter aufgenommen werden und – wenn nötig – behalten werden, wenn den eigentlichen Ausführungen ein kurzer Überblick über die wichtigsten Ergebnisse vorangestellt wird.

3. Grobgliederung
In diesem Redeschritt werden die späteren Ausführungen vorstrukturiert, der spätere Gedankengang verdeutlicht und evtl. Themaeinschränkungen und Ausklammerungen begründet. Vorsicht: übergenaue Detailgliederungen, die ohnehin nicht aufgenommen und behalten werden können, sind langweilig

und fördern eher das Abschalten der Hörer. Dennoch: vor der Sachinformation steht die Grobgliederung der Schwerpunkte in verständlicher, hörergerechter Form.

4. Sachinformation

Zur Gliederung der eigentlichen Sachinformation lassen sich keine allgemeinen Regeln aufstellen (s.o.).

Wichtig ist aber, daß die einzelnen Teile des Sachvortrags deutlich voneinander abgehoben werden; das gilt besonders auch dann, wenn auf die Information die eigene Meinung folgt; günstig ist es zumeist, einen Redeteil durch eine kurze Zwischenzusammenfassung abzuschließen und den neuen Teil deutlich zu beginnen: durch eine Frage z.B. oder durch sog. »Zwischenüberschriften«. (vgl. S. 81ff)

5. Abschluß

Der Sachvortrag endet i.d.R. mit einer abschließenden Zusammenfassung der wichtigsten Ergebnisse und einem evtl. Ausblick auf weitere Ausführungen, spätere Arbeiten, vielleicht noch offene, unbeantwortete Fragen etc.
Sollen die wesentlichen Schlußgedanken behalten werden, ist es empfehlenswert, den Schlußteil des Sachvortrages deutlich anzukündigen.

Bleibt abschließend zu bemerken:
Hörer bleiben höchstens die Zeit aufmerksam, die vorher für den Vortrag angekündigt wurde bzw. die in der jeweiligen Situation üblich ist. Damit beantwortet sich auch die Frage: Wie lange darf ein Sachvortrag dauern? Haben sich Hörer auf ein zweistündiges Grundsatzreferat in einer wichtigen Situation eingestellt, ist es durchaus möglich, auch so lange zu sprechen. Sind die Hörer aber auf einen 30minütigen Vortrag eingestellt, ist die Aufmerksamkeit nach einer halben Stunde eben vorbei, Nervosität macht sich breit.

Folgerungen für den Redner:

Gerade auch bei Sachvorträgen immer die Redezeit kontrollieren, auch schon bei der Vorbereitung! Vielen geht es so, daß sie am Ende der geplanten Zeit das Wichtigste noch nicht untergebracht haben, und es ist zumeist schade, daß gerade die vielleicht wichtigsten Passagen des Vortrags gekürzt werden müssen. Hilfe vieler professioneller Redner und Rednerinnen: im Stichwortzettel bereits »Zwischenzeiten« vermerken; der Redner sieht mit einem Blick, ob sein Zeitplan noch stimmt und kann sich rechtzeitig darauf einstellen.

**Das Geheimnis zu langweilen
besteht darin, alles zu sagen.**

(Voltaire)

3.2.6
Informative Kurzrede

Oft ist es notwendig, in kurzer Zeit prägnant und gezielt zu informieren. Der Journalismus kennt für die schriftliche Nachricht einen Aufbau, bei dem das Wichtigste an den Anfang gehört; die Nachricht wird insgesamt nach abnehmender Wichtigkeit gegliedert. Auf diese Weise kann die Nachricht von hinten her beschnitten werden, die Hauptinformation bleibt erhalten. (Vgl. u.a. LA ROCHE)

Dieses Prinzip findet sich nicht nur in nahezu allen Nachrichten, die sich in Zeitungen finden; der Aufbau gilt auch für die mündliche Kurzinformation. Als Hilfestellung kann folgendes Schema nützlich und einprägsam sein (nach BARTSCH):

1. **Gegenwart im Überblick**

2. **Gegenwart im einzelnen**

3. **Vergangenheit**

4. **Zukunft im einzelnen**

5. **Zukunft im Überblick**

Zu 1.: Das Wichtigste wird am Anfang zusammengefaßt: hier steht die notwendige Information. Schnell, knapp und klar ist der Hörer über das Wesentliche in ein oder zwei Sätzen informiert.
(Im Journalismus heißt diese umfassende Kurzinforma-

117

tion am Anfang »Lead«)
Der erste Schritt antwortet auf die für **diese** Nachricht wichtigsten der sieben »Ws«: Wer, Was, Wo, Wann, Wie, Warum, Welche Quelle?

Zu 2.: Der zweite Schritt präzisiert, nennt Einzelheiten, beantwortet die weiteren »Ws«. Es schließen sich evtl. viele andere »Ws« an (»welche . . .«, »was für ein . . .« etc.).

Zu 3.: Erst nach dieser Information folgen die Hintergründe, geht der Sprecher auf die Frage ein: »Wie kam es dazu?« Die informative Kurzrede geht also in der Regel **nicht** chronologisch vor.

Zu 4.: Ereignisse haben Folgen. Ein neuer Wissensstand fordert vielleicht bestimmte Schritte etc. Die Auswirkungen der Hauptinformation (Teil 1) werden jetzt genannt.

Zu 5.: Abschließend stehen weitere Entwicklungen, ein Blick in die »fernere Zukunft«, generelle Bemerkungen etc. Hier findet sich auch häufig die Stellungnahme, die Bewertung der Information.

Dieser Aufbau gilt für alle Nachrichten, die **nicht** vornehmlich der Unterhaltung dienen. Man unterscheidet im Journalismus zwischen sog. »harten« und »weichen« Nachrichten (»hard news« und «soft news«). Letztere werden nach ihrer bestmöglichen Wirksamkeit (etwa auf die Pointe hin) aufgebaut. Sie haben eben nicht die primäre Aufgabe des Informierens. Die »harte Nachricht« allerdings geht immer vom Wichtigsten am Anfang aus; die weitere Gliederung gehorcht dann dem Prinzip abnehmender Wichtigkeit: in der schriftlichen wie vor allem auch in der mündlichen Information.

3.2.7
Argumentative Kurzrede: Argumentationsstrukturen

Die folgenden Argumentationsstrukturen helfen beim logischen Aufbau einer Rede oder eines Diskussionsbeitrages. Ziel ist, in minimaler Vorbereitungszeit maximal redewirksam sprechen zu lernen, in Rede- und Diskussionssituationen.
Das erfordert intensive Übung.

Darüber hinaus ist es für die angewandte Rhetorik von grundsätzlicher Bedeutung, über das logische Verhältnis einzelner Argumentations- und Redeteile bei der Konzeption einer Rede wie eines Diskussionsbeitrages nachzudenken.

Wer argumentiert, will seine Meinung begründen oder andere Meinungen berichtigen oder verschiedene Meinungen vergleichen.

Je nach Absicht des Sprechers muß sich auch der Aufbau der Argumentation unterscheiden – ganz unabhängig von Qualität, Quantität und Art der Argumente. Nur eine klare Gliederung gewährleistet eine verständliche und nachvollziehbare Argumentation. Diese Gliederung nennen wir »Argumentationsstruktur«. Das Erarbeiten dieser Strukturen dient der besseren Gliederung von Argumenten.

(Vgl. auch die sog. »Fünf-Satz-Modelle« von Hellmut Geißner, 1973, nach Erich Drach, 1932)

Die einzelnen Argumentationsstrukturen lassen sich drei verschiedenen Klassen zuordnen:

I. BEGRÜNDEN
II. BERICHTIGEN
III. VERGLEICHEN

Allen Argumentationsstrukturen gemeinsam ist ihr Situationsbezug am Anfang (Argumentation steht nie im »luftleeren Raum«)
und die aus der Argumentation folgende Konsequenz (ohne die
jede Argumentation zwecklos wäre):

Während sich der Situationsbezug jeweils neu ergibt und den
kommunikativen Zusammenhang (z.B. in der Anknüpfung an frühere Äußerungen anderer) herstellt, führt die eigentliche Argumentation zu einer logischen Konsequenz, der Kernaussage dieser Argumentation; diese Aussage faßt der Sprecher – vor der
»Planung«, d.h. dem Aufbau der Argumentation – gedanklich zuerst. Die gesamte Argumentationsstruktur ist so aufzubauen, daß
der angesprochene Partner die Gedanken nachvollziehen, und so
auch neue oder andere Sichtweisen leichter akzeptieren kann.
(Vgl. Graphik S. 121)
Die Argumentationsstrukturen sind als Grundmuster argumentativen Sprechens in Rede und Gespräch zu verstehen. Sie können
erweitert und untereinander vielfältig kombiniert werden.
Die im folgenden vorgestellten 6 Modelle verdeutlichen unterschiedliche Argumentations-Gliederungen. Ein konsequentes
Trainieren dieser Argumentationsstrukturen verbessert rheto-
risch-sprachliche Leistung erheblich.

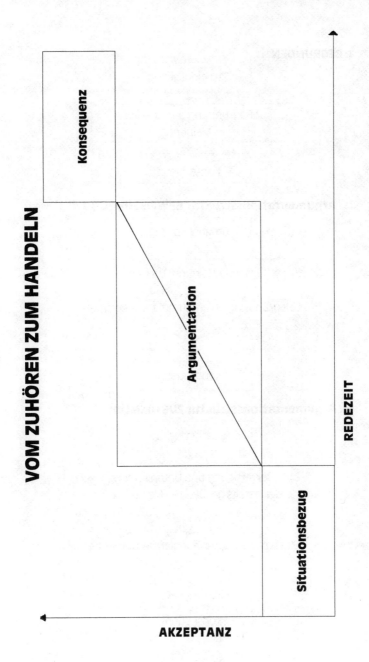

VOM ZUHÖREN ZUM HANDELN

Konsequenz

Argumentation

Situationsbezug

REDEZEIT

AKZEPTANZ

I. BEGRÜNDEN

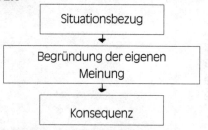

Ia: Argumentationsstruktur BEWEISFÜHRUNG

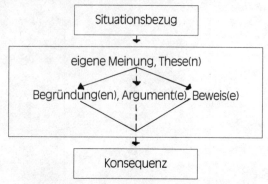

Ib: Argumentationsstruktur ZUSTIMMUNG

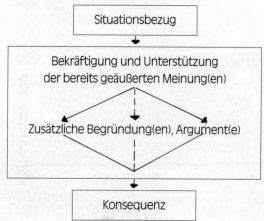

II. BERICHTIGEN

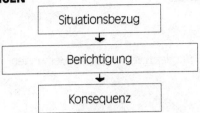

IIa: Argumentationsstruktur WIDERLEGUNG

IIb: Argumentationsstruktur WIDERSPRUCH

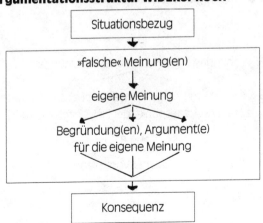

III. VERGLEICHEN

Situationsbezug

↓

Vergleich verschiedener Meinungen

↓

Konsequenz

IIIa: Argumentationsstruktur WERTUNG

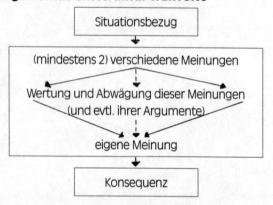

Situationsbezug

↓

(mindestens 2) verschiedene Meinungen

Wertung und Abwägung dieser Meinungen
(und evtl. ihrer Argumente)

eigene Meinung

↓

Konsequenz

IIIb: Argumentationsstruktur KOMPROMISS

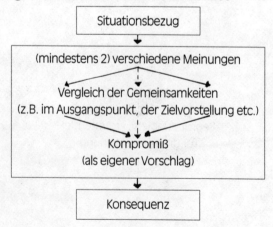

Situationsbezug

↓

(mindestens 2) verschiedene Meinungen

Vergleich der Gemeinsamkeiten
(z.B. im Ausgangspunkt, der Zielvorstellung etc.)

Kompromiß
(als eigener Vorschlag)

↓

Konsequenz

Arbeitsblatt V
Strukturiertes Sprechen

I.

1. Nehmen Sie die heutige Tageszeitung, lesen Sie Schilderungen oder Kommentare.
   Inhalte, von denen Sie sich angesprochen fühlen, lesen Sie noch einmal.

2. Nun überlegen Sie sich **Ihre** Stellungnahme – zu den Ereignissen, die Sie gelesen haben oder zu den Kommentaren.

3. Machen Sie sich Notizen.

4. Jetzt blättern Sie noch einmal in den Kapiteln 3.2.1 bis 3.2.7 und überlegen, welche der hier beispielhaft aufgeführten Gliederungen Ihnen aufgrund Ihrer Notizen helfen kann, diese Gedanken zu ordnen.

5. Sprechen Sie Ihre Stellungnahme nach den soeben geordneten Notizen.

II.

1. Überlegen Sie sich ein Thema, das z.Zt. heftig mit Pro- und Contra-Argumenten diskutiert wird.

2. Legen Sie nun **Ihren eigenen** Standpunkt fest.

3. Überlegen Sie sich eine für Sie mögliche Redesituation und formulieren für diese Situation (und für die vorgestellte Zielgruppe) Ihr Redeziel, Ihren Zwecksatz.

4. Versuchen Sie nun, durch unterschiedliche argumentative Vorgehensweise und eine klare, deutliche Gliederung Ihren Standpunkt plausibel und überzeugend darzustellen. Machen Sie sich auch hierfür Notizen.

5. Sprechen Sie Ihre Stellungnahme nach diesen Notizen.

3.2.8
Rede-Einstieg

»Wer das erste Knopfloch verfehlt, kommt mit dem Zuknöpfen nicht
zu Rande.«
Goethe, Maximen und Reflexionen.

Die Bedeutung des Redeeinstieges, des »Entrées«, erkannte
nicht erst die moderne Rhetorik.

Bereits CICERO schreibt:
»Die Eingänge der Reden aber müssen mit Sorgfalt und Scharfsinn aus-
gearbeitet, reich an Gedanken, treffend im Ausdruck und ganz besonders den Gegenständen der Verhandlungen angemessen sein. Denn
die erste Beurteilung und Empfehlung des Redners liegt gewisser-
maßen im Eingang, und dieser muß den Zuhörer sofort einnehmen
und anziehen.«
(CICERO, De oratore, 2, 375; vgl. auch ARISTOTELES, Rhetorik, 3, 14,
1414b)

**Aufmerksamkeit, Interesse für die Sache, innere Ein-
stellung des Hörers zum Sprecher und zum Inhalt entscheiden sich zu Beginn der Rede.**

Aus den vielen Vorschlägen zur Einleitung scheint uns die Syste-
matisierung LEMMERMANNS (1986, 132ff.) für die Praxis am
ehesten geeignet. LEMMERMANN unterteilt in vier Einstiegs-
möglichkeiten, wobei diese nicht ausschließlich, sondern in
jeder Kombination vorkommen können.

Die drei Funktionen der Einleitung

△ **Kontakt zum Hörer herstellen**
△ **Aufmerksamkeit wecken**
△ **Hinführen zum Thema**

sind mit den folgenden Einleitungsmöglichkeiten u.a. zu erreichen:

1. Vorspann – Technik
dient der Auflockerung der Atmosphäre
    z.B.
△ heitere Einstiegsbemerkung
△ persönliche Ansprache
△ Hörerbezug
△ Situationsbezug etc.

2. Aufhänger – Technik
gibt bereits erste »schlaglichtartige Erhellung« des zu behandelnden Problems
    z.B.
△ zeit- oder ortsnaher Anlaß, Aktualität
△ kurze Beispiele
△ parallele Fälle etc.

3. Denkreiz – Technik
dient der Aufmerksamkeitsweckung, oft aber auch der manipulativen Vorinformation
    z.B.
△ Bündel unkommentierter Fragen
△ Bündel unkommentierter Fakten
△ Bündel unkommentierter Meinungen

4. Direkt – Technik
verzichtet bewußt auf eine Einführung ins Thema

z.B.

△ unmittelbares Ansprechen des Problems

etc.

ALLGEMEINE HINWEISE ZUM REDEBEGINN

△ Interesse an der eigenen Person nicht überschätzen;

△ Komplimente nicht unterschätzen (mit Vorsicht!);

△ Informationsdichte besonders beachten:
Die Verständlichkeit steigt mit der Zeit; die Zuhörer müssen sich nicht nur auf die Problematik des Themas einstellen, sondern auch auf die Stimme des Vortragenden, seinen Dialekt, sein Auftreten etc.;

△ Kontrolle der nonverbalen Ausdrucksmittel:
vor allem Sprechtempo, Lautstärke, Sprechgeschwindigkeit, Blickkontakt, Haltung;

△ Ankündigung und Einschränkung des Redethemas;

△ evtl. Überblick, Disposition (s. S. 113 Kapitel 3.2.5, Abschnitt 3)

ZU VERMEIDEN IST AM ANFANG:

△ Hinweis darauf, man spreche unvorbereitet o.ä.

△ Hinweis darauf, die zur Verfügung stehende Zeit reiche nicht aus

△ Hinweis auf Indisposition (z.B. Erkältung etc.)

△ Hinweis auf die (vor allem zu geringe) Zahl der Zuhörer

△ Hinweis auf ein unangenehmes Befinden in dieser Situation (Ausnahme: Hörer haben gleiche Empfindungen)

Alle diese Hinweise am Anfang senken den sog. Erwartungshorizont der Hörer, bestimmen sein selektives Hören. Ein Teil der angeführten Einschränkungen kann zwar im Verlauf einer Rede durchaus notwendig sein (vielleicht sogar unbedingt notwendig), aber eben nicht am unmittelbaren Redeanfang.

Arbeitsblatt VI
Rede – Einstieg

1. Legen Sie fest, vor welcher Zielgruppe (Kollegen, Jugendliche, Laien oder Fachkreis etc.) Sie über Ihr Thema sprechen
   könnten.

2. Formulieren Sie nun eine geeignete Einleitung für Ihr
   Thema.

3. Wählen Sie nun eine andere Zielgruppe.

4. Formulieren Sie jetzt zum gleichen Thema, aber für diesen
   anderen Hörerkreis einen neuen Redeeinstieg.

**Ende gut,
alles gut.**

(Deutsches Sprichwort)

3.2.9
Redeschluß und Zwecksatz

Neben dem Beginn kommt dem Redeschluß für die Effektivität der Rede eine besondere Bedeutung zu. Prägt der »erste Eindruck« die Einstellung des Hörers, seinen Erwartungshorizont, innerhalb dessen der Hörer den gesamten Vortrag aufnimmt – oder nicht oder nur teilweise oder falsch! – wird der Redeschluß entscheidend dazu beitragen, was behalten wird; ob – falls gewünscht – eine Reaktion eintritt, eine evtl. Meinungsänderung erfolgt, ob den Worten »auch Taten folgen«.

Der Redeschluß bringt den Inhalt der Rede noch einmal verdichtet zum Ausdruck; oder wie es vor fast 2500 Jahren zwischen Sokrates und Phaidros bei Platon heißt:

S.: »Alle sind sich über den Schluß der Rede wohl einig; nur daß einige ihn »zusammenfassende Wiederholung« nennen, andere anders.« Ph.: »Daß man die Zuhörer also zum Schluß an das Gesagte in einem kurzen Überblick noch einmal erinnern soll, meinst Du das?« S.: »Das meine ich.«

Diese »zusammenfassende Wiederholung« soll im Sachvortrag die letzte Klarheit bringen und die wichtigsten Ergebnisse in ihrem Kern noch einmal verdeutlichen (s.o. Kapitel 3.2.5, Abschnitt 5, S. 114). In der Meinungsrede münden anschließend die wichtigsten Gedanken in einem klar formulierten, verstehbaren »Zwecksatz«, der den Zweck der Rede prägnant zum Ausdruck bringt und dem Hörer somit die Möglichkeit eröffnet, der Einstellung des Redners zu folgen.

Viele Reden versanden einfach, der Schluß wird zerredet, das

Ende hinausgezögert. Schon so mancher scheint das Goethewort »Daß du nicht enden kannst, das macht dich groß« irrtümlich auf Redesituationen bezogen zu haben. Doch für die Rede gilt schon eher, daß »ein Ende mit Schrecken« immer noch besser ist, als »ein Schrecken ohne Ende«.

Auf die Gefahr, die Redezeit zu überziehen, wurde oben (Kapitel 3.2.5, S. 114f) schon hingewiesen. Wenn aber der Schluß von besonderer rhetorischer Bedeutung ist und gerade die Schlußworte gut in Erinnerung bleiben, dann ist es besonders wichtig, daß der Redner auch rechzeitig zu dem von ihm vorbereiteten Schlußteil kommt, um nicht gerade hier in Zeitnot zu geraten oder den wichtigsten Schlußteil seiner Rede zu einer Zeit vorzutragen, in der die Zuhörer bereits nicht mehr zuhörbereit sind.

Abschließend noch zwei Hinweise:

Für wichtige Redesituationen ist es empfehlenswert, den Redeschluß (ebenso wie die einleitenden Worte) vorher schriftlich zu notieren. Das gibt dem Redner Sicherheit, daß gerade diese wichtigen Redeteile trotz evtl. Nervosität in der vorbereiteten und gewünschten Weise dem Hörer optimal vermittelt werden können.

Ankündigungen wie »Zum Schluß . . .« oder »Abschließend . . .« oder »Am Ende meiner Ausführungen . . .« erhöhen noch einmal **für kurze Zeit** die Aufmerksamkeit des Hörers und können daher bewußt vor die Zusammenfassung der wichtigsten Gedanken oder den Schlußappell gesetzt werden. Nur: Sie müssen dann auch schnell zum Schluß kommen.

Sonst folgen Sie der ironisch gemeinten Aufforderung Tucholskys (in seinen »Ratschlägen für einen **schlechten** Redner«): »Kündige den Schluß deiner Rede lange vorher an, damit die Hörer vor Freude nicht einen Schlaganfall bekommen. Kündige den Schluß an, und dann beginne deine Rede von vorn und rede noch eine halbe Stunde. Dies kann man mehrere Male wiederholen.«

3.3
Stichwortkonzept

Erleichtert wird freies Sprechen durch ein gutes klares Stichwortkonzept, das den Sprechdenk-Vorgang (s.S. 147) unterstützt und dem Sprecher Sicherheit und gedankliche Klarheit
bringt. Eine wörtlich abgelesene Rede ist keine Rede, das weiß
man. Das Eingehen auf den Hörerkreis wird durch Ablesen fast
unmöglich, der Blickkontakt wird erschwert, man erinnert sich
an TUCHOLSKYS ironischen Ratschlag:

> »Sprich nicht frei – das macht einen so unruhigen Eindruck.
> Am besten ist es: du liest deine Rede ab. Das ist sicher, zuverlässig,
> auch freut es jedermann, wenn der lesende Redner nach jedem
> viertel Satz mißtrauisch hochblickt, ob auch noch alle da sind.«

Jede Anweisung (die sich auch heute noch in manchem Lehrbuch zur Rhetorik findet), eine Rede vorher wörtlich aufzuschreiben und anschließend wichtige Schlüsselwörter zu unterstreichen, um dann leichter »frei« sprechen zu können, ist
falsch und gefährlich. Überblick und Zurechtfinden im Text
werden dadurch erschwert, Schreibstil und Sprechstil des Redners geraten in Konflikt, Versprecher und sinnwidrige Pausen
sind die Folge.

Nur was wortwörtlich vorgetragen werden soll, wird vorher
schriftlich fixiert, z.B. Redeeinstig und Redeschluß (s.o.). Alle
frei vorzutragenden Redepassagen werden lediglich stichwortartig festgelegt.

Ausnahme: wichtige Stellungnahmen, komplizierte Darstellungen, bei denen es auf jedes Wort ankommt; sie werden vollständig schriftlich fixiert, dann aber auch vorgelesen.

Für die informative Rede hat sich eine DREITEILUNG des Stichwortkonzeptes bewährt.

DIN A4 – FORMAT

HAUPTGEDANKE (Überschrift)	STICHWORT (d.h. Unterpunkte Erinnerungshilfen)	EVTL. GENAUERE ANGABEN, WIE △ Beispiele, △ Fakten, △ Zahlen, △ Daten,
	NÄCHSTES STICHWORT	△ Belege, △ Quellen, etc.
NÄCHSTER HAUPTGEDANKE	Etc.	Etc.
Etc.	Etc.	Etc.

Erläuterung des Stichwortkonzeptes:

Die mittlere Rubrik enthält die eigentlichen Stichwörter, nach denen gesprochen wird. Die übergeordneten Begriffe links zeigen stets, in welchem größeren Zusammenhang die Gedanken stehen; die rechte Spalte gibt zusätzliche Informationen, falls dem Redner – etwa durch Nervosität oder Ablenkung – ein Gedanke entfällt, zusätzliche Angaben benötigt oder die Zuhörer weitere Informationen oder Beispiele erwarten etc.

Durch die Dreiteilung ist gewährleistet:

1. schnellste Orientierung;
2. Möglichkeit der Verkürzung oder Verlängerung der Rede je nach der augenblicklichen Situation;
3. Sicherheit des Redners: ohne aus einer Fülle von Stichwörtern die wesentlichen Gedanken suchen zu müssen (sie stehen übersichtlich in der Mitte), verfügt er jederzeit über viele zusätzliche Gedankenhilfen.

Diese Konzeptgestaltung erleichtert das Sprechdenken, der Blickkontakt kann intensiver hergestellt werden, auf Reaktionen der Zuhörer leichter eingegangen werden.

Die Dreiteilung ist nur **eine** Form des Stichwortkonzeptes. Oft reicht auch schon eine Zweiteilung. In manchen Fällen bietet sich eine graphische Form an (vgl. nächste Seite).
Häufig wird auch mit verschiedenen Farben gearbeitet etc.
Grundsätzlich gilt: Nicht zu viel auf einer Seite, kein Format unter DIN A5, in der Regel DIN A4. Spricht man im Stehen und ohne Pult, haben sich DIN-A5-Karteikarten bestens bewährt: Sie »zittern« und »knistern« nicht.

Die erste und wichtigste Übung für die freie Rede ist das möglichst mehrmalige Sprechen (nicht stumme Lesen) nach dem Stichwortkonzept. Hier werden auch evtl. Mängel des Konzeptes rechtzeitig sichtbar und korrigierbar.

Beispiel eines graphisch gestalteten Stichwortkonzeptes:

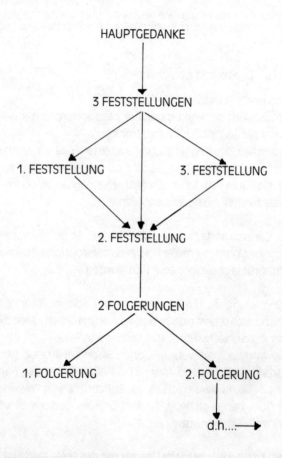

Arbeitsblatt VII
Stichwortkonzept

Nehmen Sie einen längeren Zeitungsartikel (z.B. Kommentar) und stellen Sie sich vor, dieser Text sei der Inhalt Ihrer Rede.

Nun erstellen Sie ein für Sie ausreichend ausführliches Stichwortkonzept, nach dem Sie den vorgegebenen Inhalt (nicht den Wortlaut!!) mündlich wiedergeben können.

Welche Art von Stichwortkonzept haben Sie gewählt?
Die in Spalten – oder mit graphischer Darstellung – oder mit Farben?

Versuchen Sie jetzt, mit den gleichen Stichwörtern, aber nach einem **anderen** Prinzip einen neuen Stichwortzettel anzufertigen, und sprechen Sie jetzt Ihre Rede noch einmal.

Nur so können Sie herausfinden, welche Art von Stichwortkonzept für **Sie** die richtige ist!

Le style c'est l'homme.
»Wie der Stil, so der Mensch«

(Sprichwort nach Buffon)

3.4
Rhetorische Stilmittel

In Kapitel 3.1.2 wurde schon unter dem Aspekt der Verständlichkeit auf die Bedeutung bewußter Sprachgestaltung hingewiesen. Im übrigen: »Den Stil verbessern, heißt den Gedanken verbessern.« (NIETZSCHE)
Rhetorische Stilmittel dienen sprachlicher Intensivierung, sie gestalten die Rede **anschaulich, eindringlich, spannend,** d.h. **angenehm** für den Hörer.

Aus der Fülle rhetorischer Stilmittel hat LEMMERMANN (1986, 110) eine für die angewandte Rhetorik brauchbare Auswahl getroffen:

RHETORISCHE MITTEL   **WIRKUNGSAKZENT**

  1. Beispiel, Einzelheit
  2. Vergleich
  3. Bild (Metapher), Bildreihe   **anschaulich**
  4. Erzählung (Narratio)

  5. Wiederholung
  6. Verdeutlichung
  7. Raffung
  8. Ausruf   **eindringlich**
  9. Zitat
10. Kreuzstellung (Chiasmus)

11. Steigerung (Klimax)
12. Gegensatz (Antithese)
13. Kette
14. Vorhalt   **spannend**
15. Überraschung
16. Ankündigung

17. Wortspiel
18. Anspielung (Allusion)
19. Umschreibung (Periphrase)   **aesthetisch,**
20. Übertreibung (Hyperbel)   **anschaulich**
21. Scheinwiderspruch (Paradox)

22. Einschub
23. Vorgriff oder Einwandvor-
    ausnahme (Prolepsis)   **kommunikativ**
24. Scheinfrage (rhetorische   (= Zuhörer
    Frage)   einbeziehend)
25. Mitverstehen (Synekdoche).

ANMERKUNGEN UND ERLÄUTERUNGEN:

Zu 5.: Wiederholung
    Man unterscheidet vier Hauptarten:
a) wörtliche Wiederholung
b) variierte Wiederholung (derselbe Inhalt mit anderen Worten)
c) Teilwiederholung (z.B. der Satzanfänge, sog. Anaphora, oder der Schlußworte eines Satzes, sog. Epiphora)
d) erweiternde Wiederholung
    (z.B.: »Dann, nur dann, wirklich nur dann . . .«)

Zu 7.: **Raffung**
    Nach LEMMERMANN kurze Zusammenfassung in weni-

gen prägnanten Sätzen.
Ziel: Kurzorientierung der Hörer.

Zu 10.: **Kreuzstellung**
Kreuzweise Anordnung von Satzgliedern, z.B.:
»Ihr Leben ist dein Tod! Ihr Tod dein Leben« (Schiller,
Maria Stuart, 2, 3, 1294) oder »Die Kunst ist lang, und kurz
ist unser Leben« (Goethe, Faust I, 558f.)

Zu 14.: **Vorhalt**
Bewußt vorgenommene Verzögerung, die Neugier er-
weckt und so die innere Gespanntheit der Hörer erhält.

Zu 16.: **Ankündigung**
Wichtige Redeteile als solche ankündigen.

Zu 21.: **Scheinwiderspruch**
Paradoxe Formulierungen, z.B. »Weniger wäre mehr!«

Zu 25.: **Mitverstehen**
Verkürzte Ausdrucksweise, bei der man sich darauf ver-
läßt, daß der Hörer den Sinn bzw. das Angedeutete versteht.

Weitere anschauliche Beispiele zu allen Stilmitteln finden sich
u.a. bei LEMMERMANN (1986, 110ff) und bei RECLAM/MIDDER-
HOFF (1979).

Arbeitsblatt VIII
Rhetorische Stilmittel

1. Suchen Sie in der Zeitung nach einem stilistisch gut ausge-
   arbeiteten Text (oft der Hauptkommentar oder die Glosse),
   unterstreichen Sie alle Stilfiguren, und versuchen Sie eine
   Zuordnung.

2. Suchen Sie in **Werbetexten** nach Stilfiguren.

3. Nehmen Sie einen beliebigen Zeitungstext (z.B. einen Kommentar), und versuchen Sie, diesen Text stilistisch-rheto-
   risch zu verbessern.

3.5
Sprechdenken

Unter Sprechdenken verstehen wir jenen komplexen Vorgang
des

△ Denkens beim Sprechen
   bzw.
△ des Sprechens während des Denkens.

Denn während wir einen Gedanken aussprechen, ist der nächste
bereits in Planung.
Sprechplanung und das eigentliche Reden laufen phasenver-
schoben ab.

Dieser Sprechdenkvorgang ist Voraussetzung jedes freien
Sprechens. Er ist besonders anfällig gegen Verspannung, Lampenfieber, Konzentrationsmangel (s. Kapitel 2.3) und kann
durch spezielle Redeübungen trainiert werden. (Vgl. Arbeitsblatt IX)

Häufige Sprechdenk-Übungen fördern:

△ **sprachliche Spontanität,**
△ **gedankliche Konzentration,**
△ **Schlagfertigkeit,**
△ **Selbstvertrauen.**

Arbeitsblatt IX
Sprechdenken

1. Gemeinsames – Trennendes

Man sucht Begriffe, die sinnverwandt sind, um diese dann mündlich zu beschreiben, indem man einmal das Gemeinsame sucht und zum anderen das Trennende herausstellt.

z.B.:

△ Sitzung, Tagung, Besprechung, Konferenz;

△ Bank, Schemel, Sessel, Couch, Stuhl;

△ Eisenbahn, S-Bahn, U-Bahn, Straßenbahn;

△ Beamter, Arbeiter, Angestellter etc. etc.

2. Beschreiben eines Gegenstandes, einer Person

Man versucht, einen imaginären fremden Gegenstand exakt zu beschreiben.

z.B.:

△ einen Schrank, ein Bild, einen Teppich;

△ oder auch Personen: das Kind, den Partner, Kollegen, Freund etc. etc.

3. Beschreiben eines Vorgangs

In dieser – schon schwierigeren – Übung versucht man, einen Vorgang in seinem zeitlichen Ablauf genau zu schildern.

z.B.:

△ Schwimmen, Autofahren;

△ Zubereiten einer Mahlzeit;

△ Erklären eines bestimmten Weges etc. etc.

4. Nacherzählen

Lesen Sie eine kurze Geschichte, einen Artikel oder ähnliches und erzählen Sie ihn mit eigenen Worten nach.
Hierzu eignen sich auch kurze Zeitungsberichte (z.B. über einen Prozeß, einen Unfall etc.)

5. Zeitkontrolle

Lesen Sie einen Artikel und legen Sie vorher eine genaue Zeit für die Wiedergabe fest: z.B. 1 Minute, 5 Minuten etc. Halten Sie diese Zeit **exakt** ein.

BEOBACHTUGNSBOGEN:
REDEANALYSE

Der folgende BEOBACHTUNGSBOGEN soll auf die verschiedenen Elemente der Rede aufmerksam machen und so die angemessene Analyse erleichtern.

Bei der Einschätzung einer Redeleistung spielen unterschiedliche nonverbale und verbale Faktoren eine Rolle.

Der Eindruck, ob der Sprecher/die Sprecherin

△ angemessen informieren
und/oder
△ sachlich und verständlich überzeugen konnte,

setzt sich aus vielen Detailbeobachtungen zusammen.

Um das eigene Sprechen und Reden zu verbessern, ist es wichtig, möglichst viele Einzelheiten beobachten zu lernen, um sie zu gewichten, d.h. von einem bloß intuitiven Eindruck zu einer fundierten Redebeurteilung zu kommen. Auf diese Weise wird die Qualität der Argumente besser sichtbar, transparenter, die eigene Reaktion angemessener.

Häufige und möglichst ausführliche Redeanalysen können schließlich auch zu einer realistischen Einschätzung des eigenen Sprechens beitragen und d.h. letztlich zur Verbesserung der eigenen Sprech- und Redeleistung.

BEOBACHTUNGSBOGEN: REDEANALYSE

Sprecher(in):

Datum:

Thema:

Sprechsituation:

GESAMTEINDRUCK

Sicherheit:

Kontakt:

Verständlichkeit:

Überzeugung/Glaubwürdigkeit:

Engagement:

Redeabsicht:

Bitte formulieren Sie kurz den Zwecksatz dieser Rede:

BEOBACHTUNGSBOGEN: REDEANALYSE

Nonverbales Verhalten:

△ Visueller Eindruck
   Haltung, Gestik
   Mimik, Blickkontakt
△ Auditiver Eindruck
   Stimme, Aussprache, Lautstärke
   Sprechgeschwindigkeit, -melodie

Verständlichkeit:

△ Nachvollziehbarer Gedankengang
△ Einfachheit des Ausdrucks

Redegliederung:

△ Allgemeiner Redeaufbau
△ Redeeinstieg, Redeschluß

Sprachstil:

Argumentation:

△ Argumentationsfiguren
△ Argumentationsziel

**Viel leichter ist Widerlegen als Beweisen,
Umwerfen als Aufstellen.**

(Schopenhauer)

4
Argumentation
und Manipulation
STRATEGIEN ZUR MEINUNGSBILDUNG
UND ZUM MEINUNGSWECHSEL

Fragen des Argumentierens, des Überzeugens stehen im Mittelpunkt vieler Abhandlungen zur Rhetorik.

Schon die antike Rhetorik suchte nach der besten Möglichkeit der Glaubhaftmachung des eigenen Standpunktes.
Mit der Frage nach der Glaubhaftmachung taucht zugleich das Problem der Grenze zwischen Argumentieren und Manipulieren bzw. zwischen Überzeugen und Überreden auf. Der Unterschied liegt häufig weniger in der sog.»rhetorischen Taktik«, sondern in der Art ihres Einsatzes: blockiert sie Denken – oder läßt sie die Freiheit eigener Entscheidung?
Der Unterschied läßt sich deshalb nicht generell, sondern immer nur im Speziellen bestimmen.

Die Möglichkeit der Überzeugung und des möglichen Meinungswechsels hängt im Wesentlichen ab von:

1. Kommunikator
Sprecher(in), Redner(in), Gesprächspartner(in)

2. Kommunikation
a) formal
b) inhaltlich

3. Zielgruppe
Hörer(innen), Gesprächspartner(innen)

Zu 1 **Kommunikator:**

△ Glaubwürdigkeit:
früheres Verhalten, Fachmann, Stellung zur Zielgruppe etc.

△ Nonverbales Verhalten:
Auftreten, Stimme etc.

△ Engagement
s. Kapitel 2.2

Zu 2a **Kommunikation, formal:**

△ Verständlichkeit
s. Kapitel 3.1

△ Organisation der Kommunikation:
Aufbau, Gliederung, auch Zeitpunkt etc.

△ Argumentationsfiguren
s. Kapitel 4.1

Zu 2b **Kommunikation, inhaltlich:**

△ Qualität

△ Auswahl und Anzahl der Argumente etc.

Zu 3 **Zielgruppe**

△ Vorinformation

△ Urteil und Vorurteil

△ Einstellung zum Problem

△ Persönlichkeit etc.

Aus der Fülle möglicher Strategien zum Meinungswechsel haben wir einige Grundmuster zusammengestellt. Die folgenden Argumentationsfiguren dürfen nicht als Regeln für die eigene Argumentation mißverstanden werden. Die Zusammenstellung soll vielmehr Technik und Taktik der Argumentation **und** Manipulation transparenter werden lassen und zum Erkennen persuasiver Vorgänge beitragen.

4.1
Argumentationsfiguren

(geordnet nach HASELOFF)

Die einzelnen Argumentationsfiguren stehen selten isoliert, zumeist in Kombination mit anderen; sie sind als Grundmuster anzusehen und können in jeder Kommunikationsform auftreten.

I. · FAKTISCHE ARGUMENTATION

Argumentation im engeren Sinne.
Begründung der Aussage durch
△ Fakten, Zahlen, Statistiken;
△ Belege und Quellenangaben;
△ Hinweise auf Gesetze, Paragraphen, Vorschriften;
△ logische Schlüsse etc.

Drei Strategien der faktischen Argumentation sollen besonders hervorgehoben werden:

1. Detaillierung:

Je genauer und detaillierter ein Faktum, um so leichter wird es akzeptiert. Unbestimmte und ungenaue Daten (»so etwa . . .«, »circa . . .«, »ungefähr vor . . .«) sind von geringerer Aussagekraft und Glaubwürdigkeit als exakte und genaue Angaben.

Redepädagogische Folgerungen:
a) was man genau weiß, sage man genau;
   bzw. umgekehrt:
b) auch exakte, detaillierte Angaben können falsch sein.

2. Schriftliche Belege:

Schriftlich Vorliegendes wird leichter angenommen als lediglich mündlich Vorgetragenes.
Folgerung:
In Besprechungen und Verhandlungen kann es ausschlaggebend sein, die entsprechenden Unterlagen »zur Hand« zu haben. Hier hilft nur gründliche Vorbereitung.

»Ich habe das **schriftlich**!«

3. Statistik, Tabellen, Schaubilder:

Sie sollen der Anschaulichkeit dienen, können Fakten schlagartig relativieren, Relationen verdeutlichen etc.
Sie können aber auch, manipulativ eingesetzt, verschleiern, falsche Relationen aufweisen etc.

Vor Verhandlungen z.B. kann die Beschaffung detaillierter und genauer Fakten sowie schriftlicher Unterlagen (Gesetzestexte,

Berechnungen etc.) den Meinungsbildungsprozeß positiv beeinflussen.

II. PLAUSIBILITÄTS-ARGUMENTATION

Hierzu zählen alle Sprachmuster, die Überzeugung hervor-
rufen wollen durch »subjektive Erfahrungsgewißheiten«,
durch »einleuchtend Selbstverständliches« etc.
In der einfachsten Form häufig eingeleitet z.b. durch »Wie
jeder weiß . . .«, »Niemand kann bestreiten . . .«, »Jeder hat
schon die Erfahrung gemacht . . .«, »Wer rechnet, erkennt
bald . . .« etc. etc.

Typische Plausibilitätsargumentationen sind u.a.:

1. Evidenz-Suggestion:

Versuch, die eigene Meinung als allgemein anerkannte
Selbstverständlichkeit hinzustellen.
　　Z.B. durch

△ allgemeine Erfahrungen,
△ unreflektierte Selbstverständlichkeiten,
△ Meinung der »Mehrheit«.

2. Zustimmungs-Kette

Das Aufstellen von einleuchtenden Behauptungen, die un-
widersprochen sind – die aber auch ohne Bezug zur eigentlichen Aussage des Redenden stehen.
Durch das vehemente Aufstellen solcher Behauptungen
wird versucht, eine pauschale Zustimmung zu den folgenden Argumenten des Redners zu erhalten.

3. Extrem-Alternativen

Das willkürliche Erweitern der Aussage der Kontrahenten und ein Folgern ad absurdum, um zu zeigen, wie wenig plausibel deren Vorschlag ist. Eine These wird eigenmächtig umgewandelt in eine Ursache für selbstkonstruierte Folgerungen.

Zwischen extremen Alternativen erscheint der eigene Vorschlag als **die** »vernünftige Lösung«.

4. Theorie und Praxis:

Hierbei werden die Ebenen nach oben bzw. unten verschoben. z.B. »Prinzipiell ist es richtig, daß . . ., in dem speziellen Fall allerdings zeigt die Praxis, daß . . .« oder umgekehrt: »In diesem Fall mag das stimmen, die Praxis gibt Ihnen recht. Aber generell . . .«

Diese Argumentationsfigur ist häufig verbunden mit

△ der Argumentation aus der persönlichen Erfahrung,
△ wobei der Erfahrungshorizont der Zielgruppe zum Maßstab der Wertung wird.

5. Beispiel und Vergleich:

Argumentationsverschiebung auf das anschauliche und somit plausible Beispiel oder den Vergleichsfall.

III. MORALISCHE ARGUMENTATION

Fakten, Thesen, Behauptungen werden verbunden mit moralisch-ethischen Grundsätzen.

1. Höhere Werte:

Der Sprecher nimmt höhere Werte für seine Argumente in Anspruch: z.B. Anständigkeit, Gerechtigkeit, Ehrlichkeit, Fairness, moralische Verpflichtungen; oder er verweist auf das Verhalten von bei der Zielgruppe anerkannten Persönlichkeiten in parallelen Fällen etc.

2. Angemessenheit:

Betonung der moralischen Angemessenheit einer Entscheidung. Versuch der Relativierung von Beschlüssen etc.

3. Vorfrage:

Strategien moralischer Wertung stehen häufig in Verbindung mit der taktischen Argumentationsfigur der Vorfrage. Vor der eigentlichen Sachdiskussion läßt man sich moralische Prinzipien bestätigen.
z.B. »Es geht heute als erstes um die Frage, wie wir uns möglichst gerecht allen gegenüber verhalten können.«

IV. EMOTIONALE ARGUMENTATION

Die Wirksamkeit von Argumentations-Ketten, in denen nicht nur Verstand und Wille, sondern auch das Gefühl angesprochen werden, ist unbestritten.
Der Redner spricht die Emotionen und Ängste seiner Hörer direkt an. In diesem Zusammenhang muß betont werden, daß angst- und furchterregende Appelle im allgemeinen weniger bewirken. Die Abwehr vor deutlich geschilderten negativen Folgen z.B. kann den entgegengesetzten Effekt haben: der Hörer überträgt seine Abwehr auf den Sprecher, dessen Einflußmöglichkeiten damit sinken.

Eine häufige Form emotionaler Argumentation ist auch der Aufbau eines gemeinsamen Feindbildes. Durch den gezielten Angriff auf Fremdgruppen sollen die Solidarität in der eigenen Gruppe verstärkt, Widersprüche verdeckt oder zumindest überbrückt werden.

Gemeinsam gegen ist oft emotional leichter als gemeinsam für!

V. TAKTISCHE ARGUMENTATION

In dieser Gruppe werden verschiedene taktisch bestimmte Strategien zum Meinungswechsel zusammengefaßt, u.a.:

1. Vorwegnahme:

Argumente, die von der Gegenseite vorgebracht werden oder vorgebracht werden könnten, nimmt der Redner selbst vorweg; entweder durch

△ Einwand-Thematisierung, z.B. »Natürlich gibt es dazu auch andere Ansichten«, ohne daß auf diese anderen Ansichten eingegangen wird;

△ Einwand-Erwähnung, z.B. »Uns wird vorgehalten, daß . . .«, wobei die anderen Ansichten genannt werden; oder

△ Vorwegwiderlegung, z.B. »Man sagt, . . . das läßt sich allerdings leicht widerlegen . . .«

Häufig ist die Erwähnung möglicher oder tatsächlicher Einwände und Gegenargumente effektiver als ihr Ausdiskutieren oder Widerlegen.

2. Diversion:

Der Sprecher bzw. Gesprächspartner versucht, vom eigentlichen Problem oder Thema abzulenken durch Verschiebung auf andere Sachfragen, durch Gegenfragen oder durch Verlagerung der Argumentation auf die Person des Kontrahenten. Diese letzte Methode, auch als »ad-perso-nam-Technik« bekannt, ist manipulativ und oft erst spät zu durchschauen, wenn der Andersdenkende nicht angegriffen, sondern wenn ihm Verständnis, Mitleid etc. entgegengebracht werden.

Das öffentliche Hinterfragen der Motive eines Menschen wertet im allgemeinen seine Meinung ab.

3. Scheinzustimmung:

Die Methoden der Scheinzustimmung sind vielfältig. Die Banalste ist unter der Bezeichnung »ja-aber« bekannt. Das Prinzip ist immer ähnlich: die Aussage des anderen wird zerlegt, einzelne Glieder oder Argumentationsteile isoliert und diese bejaht, andere (oft die entscheidenden) verneint. Dies geschieht entweder durch prinzipielle Zustimmung bei Ablehnung der konkreten Einzelvorschläge oder durch Zustimmung einzelner Teile bei Ablehnung der Gesamt-Aussage. Der angestrebte Effekt ist der gleiche: durch das »Ja« soll der Partner diskussionsbereit bleiben und sich so nicht angegriffen und zur Verteidigung herausgefordert fühlen; durch das »Aber« werden seine Vorstellungen trotzdem letztlich abgelehnt.

Zur taktischen Argumentation könnten viele weitere Strategien angeführt werden z.B.

△ **Verschieben der Beweislast,**
△ **Bestreiten der Ausgangslage,**
△ **Systematische Wiederholungen,**
△ **Unvollständiges Zitieren,**
△ **Andeutungen etc. etc.**

Doch es ging in diesem Kapitel nicht um Vollständigkeit, die der Funktion dieses Buches widersprochen hätte. Die genannten Strategien stehen beispielhaft, sie mögen ähnliche leichter erkennbar machen, damit Manipulation schneller aufgedeckt, Argumentationsketten transparenter werden. Die Hinweise dienen somit weniger der eigenen Aktion, als vielmehr der Reaktion mit dem Ziel der Versachlichung der Diskussionen und objektiven Klärung von Problemen.

Arbeitsblatt X
Argumentationsfiguren

I.

1. Suchen Sie zu jeder der fünf Argumentationsgruppen je drei Beispiele aus Ihrem Erfahrungsbereich.

2. Formulieren Sie zu jedem Beispiel eine mögliche Erwiderung.

II.

1. Lesen Sie einen Zeitungskommentar und suchen Sie nach typischen Argumentationsfiguren.

2. Formulieren Sie – wo möglich – Ihre Erwiderung.

4.2
Argumentationsziele

(nach VÖLZING)

Für die Anwendung der ARGUMENTATIONSFIGUREN (Kap. 4.1) ist das ARGUMENTATIONSZIEL von entscheidender Bedeutung. Hierbei lassen sich nach VÖLZING zwei grundlegend unterschiedliche Situationen differenzieren.

I. KOOPERATIVE ARGUMENTATION

Diese ist dadurch gekennzeichnet, daß die Diskussionspartner beide zu einer Einigung kommen wollen, auch wenn für sie damit Kompromisse verbunden sind.

Die Diskussionspartner versuchen deshalb:

△ ihre Handlungen zu begründen, d.h. sie für die anderen durchschaubar und nachvollziehbar zu machen;

△ ihre Ziele zu verdeutlichen, d.h. ihre Wünsche und Zielvorstellungen dem Gesprächspartner offen zu legen;

△ ihre Gründe und Absichten erkennbar zu machen.

Kooperative Argumentation bedeutet also

△ weitgehende Offenheit der Gesprächspartner;

△ Anerkennung von Kompromißlösungen;

△ Eingehen auf den Gesprächspartner.

II. STRATEGISCHE ARGUMENTATION

Strategische Argumentation heißt, der eigenen Maximalforderung so nahe wie möglich zu kommen.

Die Diskussionspartner versuchen deshalb:

△ ihre Zielvorstellungen nicht von Anfang an offenzulegen;

△ so wenig wie möglich auf Kompromisse einzugehen;
△ eigene Handlungen nicht zu begründen, um den Gesprächspartner zu verunsichern.

Dies läßt sich erreichen durch:

1. Angriff auf den Gesprächspartner:

a) Drohung
Man versucht, durch Drohungen die Position des Gegenübers zu schwächen und eigene damit zu stärken.

b) Einschüchterung
Man kann, z.B. durch das Einbringen sehr gewichtiger Argumente gleich zu Beginn eines Gesprächs versuchen, den Partner einzuschüchtern und damit ebenfalls eigene Positionen zu stärken.

2. Verteidigung

a) Ausweichen
Eine sehr häufig angewandte Argumentationsweise besteht darin, dem Gesprächspartner keinen Angriffspunkt zu liefern, indem man der Argumentation ausweicht. Der Diskussionspartner wird dadurch zur Offenlegung eigener Argumente veranlaßt, da kein Widerspruch erfolgt.
Ausweichen kann realisiert werden z.B. durch

△ Mystifizieren: »Das ist eine lange Geschichte!«

△ Verweisen: »Das weiß ich nicht, da müssen Sie meinen Chef fragen.«

△ Ausweichen ins Allgemeine: »Die Sache ist nicht so einfach, wie wir sie uns vorstellen.«

b) Problemorientierte Verteidigung
Man versucht, durch sachliche Argumentation die Stärke der eigenen Position zu begründen und die Argumente der Gegenseite zu widerlegen.

Im einzelnen ergibt sich daraus folgende Graphik:

ARGUMENTATION

KOOPERATIVE ARGUMENTATION

Begründung

Verdeutlichung von Zielen
Erkennen von Gründen
und Absichten

Wille zur Einigung
Einbeziehung von Gegenargumenten
Achtung der gegnerischen Meinung
Überzeugung des Gegenübers

STRATEGISCHE ARGUMENTATION

Angriff

Drohung
Einschüchterung

Verteidigung

Ausweichen
Problem-
orientierte
Verteidigung

Durchsetzung der eigenen Meinung
Widerlegung von Gegenargumenten
Versuch d. Entwertung d. gegner. Meinung
Überredung des Gegenübers

Wichtig in diesem System VÖLZINGS: Jede »strategische Argumentation« muß kooperativ **aussehen**! Durchschaut der Gesprächspartner die eigene strategische Vorgehensweise, so wird sie unwirksam!

Jedes Argumentationsziel läßt sich durch bestimmte Argumentationsfiguren (s. Kapitel 4.1) realisieren:

z.B.:

△ **Ausweichen** durch den Verweis auf **Theorie und Praxis** (Plausibilitätsargumentation) oder **Scheinzustimmung** (Taktische Argumentation) u.v.m.;

△ **Einschüchterung** z.B. durch **Inanspruchnahme höherer Werte.**

△ **Begründung von Handlungen** durch (richtige) **Fakten und Zahlen** (faktische Argumentation).

Diese Zusammenhänge von Argumentationsstrukturen und Argumentationszielen lassen sich jedoch niemals eindeutig zuordnen; faktische Argumente, wie z.B. Statistiken, sind manipulierbar, anders auslegbar, interpretierbar, mit dem Ziel, dem Gesprächspartner strategisch und nicht kooperativ zu begegnen.

Die Argumentationsfiguren als solche sind also zumeist wertfrei; erst ihr Gebrauch (nach dem jeweiligen Argumentationsziel) macht die Unterscheidung zwischen Argumentieren und Manipulieren!

Arbeitsblatt XI
Argumentationsziele

1. Suchen Sie Ihnen aus Ihrem Alltag bekannte typische Gesprächssituationen, in denen überwiegend kooperativ bzw. strategisch argumentiert wird. (vgl. Graphik S. 169)

2. Beschreiben Sie typische argumentative Verhaltensweisen der verschiedenen Partner in dieser Situation.

3. Versuchen Sie, je eine dieser typischen Situationen im Rollenspiel darzustellen.

**Eine Diskussion ist unmöglich mit jemanden,
der vorgibt, die Wahrheit nicht zu suchen,
sondern schon zu besitzen.**

(Romain Rolland)

**Gut Gespräch
kürzt den Weg.**

(Alter Spruch)

5
Gespräch
Diskussion
Verhandlung

Der gesprächspädagogische Abschnitt gliedert sich in sieben Teile. Zwischen den sach-orientierten und den partner-orientierten (Kapitel 5.1 und 5.4) Gesprächsgattungen stehen Hinweise zu spezifischen Gesprächsverhaltensweisen (Kapitel 5.2 und 5.3). Nach der Erörterung von Kommunikationsregeln (Kapitel 5.5) und typischen Kommunikationsstilen (Kapitel 5.6) schließt dieser Abschnitt mit Vorschlägen zur Gesprächsbeobachtung (Kapitel 5.7).

Analog zu den Redegattungen (vgl. S. 77) lassen sich auch Gespräche einteilen in

△ **informative Gespräche,**
△ **persuasive Gespräche** und
△ **situative Gespräche.**

Im Dialog allerdings sind die Grenzen noch fließender, wechseln z.B. in einer Konversation (einem sog. situativen Gespräch) informative und vielleicht auch persuasive Phasen ab.

Deshalb entschlossen wir uns zur Unterteilung in
a) **sach-orientierte Gespräche**
und
b) **partner-orientierte Gespräche.**

a) In sach-orientierten Gesprächen stehen der Austausch von Sachinformationen und Fragen sowie die Klärung sachbezogener Probleme im Vordergrund.
b) In partner-orientierten Gesprächen tauschen die Dialogpartner sie persönlich betreffende Gedanken aus und versuchen, personelle bzw. interpersonelle Probleme zu lösen.

Doch auch diese Unterscheidung hat mehr didaktischen Wert. In Alltagsgesprächen (im privaten, gesellschaftlichen wie beruflichen Bereich) fließen partner-orientierte Gesprächsphasen und sach-orientierte Gesprächsphasen ineinander, überlappen sich, laufen nebeneinander her.

D.h. auch: die folgenden Überlegungen und Anmerkungen sind als Einheit zu betrachten.

Z.B.: In einer Besprechung, die nach dem Ablaufschema des sog. Sachgespräches (Kapitel 5.1.1) abgehalten wird, können personelle Probleme non-direktiv (Kapitel 5.3) bei Beachtung der wesentlichen Grundsätze der TZI (Kapitel 5.5) und zwischengeschobenem Problemlösungsgespräch (Kapitel 5.1.5) kooperativ gelöst werden.

Außerdem läßt sich – in bezug auf den inhaltlichen Ablauf – die Unterscheidung zwischen

△ assoziativen und

△ strukturierten

Gesprächen treffen.

In **assoziativen** Gesprächen knüpft eine Äußerung an die vorhergehende Äußerung an. Typisches Beispiel:
Gespräch bei Tisch.

In **strukturierten** Gesprächen entwickelt sich der gemeinsame Gedankengang geplant und orientiert am Thema oder Gesprächsziel. Typisches Beispiel: Besprechung, Konferenz, Seminar (vgl. das folgende Kapitel zu den sach-orientierten Gesprächen).

An die grundsätzlichen Überlegungen zum nonverbalen Verhalten (Kapitel 2.1) und zur Argumentation und Manipulation (Kapitel 4) soll an dieser Stelle nur noch einmal erinnert werden.

5.1
Sach-orientierte Gespräche

Unter dem Begriff »sach-orientierte Gespräche« subsumieren
wir alle Gespräche, in denen es um die Klärung von Sachfragen
geht, um den Austausch von Informationen und Meinungen,
um das Lösen von Sach-Problemen etc.

Der prinzipielle Ablauf eines Sachgespräches (Kapitel 5.1.1) ist
auf viele und sehr unterschiedliche Gesprächssituationen an-
wendbar:

z.B.:
△ **Diskussionen über ein festgelegtes Thema,**
△ **Verhandlungen,**
△ **Besprechungen,**
   aber auch genauso bei
△ **Aussprachen im Anschluß an ein Referat,**
△ **Problem-Lösungs-Gesprächen,**
△ **Unterhaltungen im privaten Kreis,** wenn es etwa
   um eine gemeinsam zu treffende Entscheidung geht
   etc.

Das Einhalten der einzelnen Stufen des folgenden Schemas
macht Sachgespräche zielstrebiger, schneller, für alle Teilnehmer befriedigender und d.h. insgesamt effektiver. Mißverständnissen wird vorgebeugt, Thema-Abschweifungen werden verhindert, die Klärung von Sachfragen insgesamt zufrie-
denstellender.

Der in Kapitel 5.1.1 beschriebene Ablauf eines Sachgespräches ist als Grundschema für alle Besprechungen zu **einer** Thematik anzusehen. Bei mehreren Tagesordnungspunkten wiederholen sich die Phasen 3 – 5 entsprechend. (Vgl. Kap. 5.1.2, Konferenz)

Das Sachgespräch ist die allgemeine Grundform eines strukturierten Gespräches.

In vielen nicht-strukturierten Gesprächen versuchen häufig einzelne Gesprächspartner, während des Gespräches die nicht erfolgte gemeinsame Gesprächsplanung (s.u., Phase 3) nachträglich zu erreichen. Es kommt dann zu Äußerungen wie: »Vielleicht sollten wir jetzt erst klären ...« oder »An dieser Stelle sollten wir überlegen ...« oder »Jetzt führt es uns nicht weiter, wenn wir nicht erst ...« etc.

Diese Beiträge bezeichnen wir, im Gegensatz zu sog. »**Sachbeiträgen**«, als »**Strukturierungsbeiträge**«, weil sie den Versuch machen, dem Gespräch eine »Struktur«, d.h. einen sinnvollen inhaltlichen Ablauf zu geben.

5.1.1
Ablauf eines Sachgespräches
(z.B. Besprechung)

0. Gesprächs-Vorbereitung: z.B.
Unterlagen, Raum,
Sitzordnung, Zeit,
Tagesordnung,
Einladungen etc.

1. Gesprächs-Eröffnung: je nach Gesprächs-Situation:
z.B.
Begrüßung
Dank an die Teilnehmer
Hinweis auf Referenten
etc.

2. Gesprächs-Anlaß: Warum und mit welchem
Ziel sprechen wir jetzt in
diesem Kreis über dieses
Thema, d.h. also die Abklä-
rung von Motivation und
Intention.

**3. Gemeinsame
Gesprächsplanung:**
(Strukturierungsphase)
a) Sammeln von Problem-
kreisen bzw. Schwerpunk-
ten, Detailaspekten
b) evtl. Thema-Einschrän-
kung bzw. Thema-Be-
schränkung

c) Festlegung der Reihenfolge der Problemkreise, Gedankengang

4. Gesprächs-Verlauf:

a) Gesprächs-Anstoß; er bringt den (im Punkt 3c festgelegten) ersten Problemkreis ins Gespräch.

b) Diskussion über den ersten Problemkreis

c) Zwischenzusammenfassung des ersten Problemkreises; erstes Teilergebnis

d) Frage, ob damit dieser erste Punkt abgeschlossen werden kann

a)–b)–c)–d) mit dem zweiten Problemkreis;

a)–b)–c)–d) mit dem dritten Problemkreis etc., je nach der Komplexität des Themas, d.h. der Anzahl der verschiedenen Problemkreise.

5. Gesprächs-Abschluß:

je nach Gesprächs-Situation: z.B. Festhalten des Ergebnisses

Endzusammenfassung

Abstimmung

Arbeitsprotokoll

etc.

Drei Punkten in diesem Gesprächsablauf kommt eine besondere Bedeutung zu:

Zu 2. **GESPRÄCHSANLASS:**

Der Anlaß eines Gespräches sollte zu Beginn auch dann genannt werden, wenn er offensichtlich feststeht und allen Gesprächsteilnehmern bekannt ist (bzw. sein sollte).

Mißverständnisse im Grundsätzlichen klären sich oft bereits hier, Kompromißmöglichkeiten bahnen sich an etc.

Es ist wichtig, bereits **vor** Beginn des eigentlichen Gespräches zu wissen: geht es nur um einen Meinungsaustausch, oder muß am Ende abgestimmt werden? Werden in diesem Gespräch Vorschläge erarbeitet oder Beschlüsse mit Konsequenzen gefaßt? Wollen (müssen) wir uns heute bereits einigen? etc.

Zu 3. **GEMEINSAME GESPRÄCHSPLANUNG:**

Der eigentlichen Sach-Diskussion geht ein Gespräch über das Gespräch voraus, in dem die zu behandelnden Punkte angesprochen und gesammelt werden.

Dies dient vor allem der inneren Logik des Gesprächs, gibt dem Gesprächsverantwortlichen die Möglichkeit, bei Abschweifungen einzuschreiten; darüber hinaus werden manche Sachfragen bereits vorab geklärt.

WICHTIGSTER GRUNDSATZ für die Strukturierungsphase: nicht diskutieren, debattieren, argumentieren, sondern die Struktur des kommenden Gespräches festlegen.
Diese gemeinsame Gesprächsplanung ist eine zeitlich begrenzte, kurze Phase. Hier ist eine straffe Gesprächs-

leitung oft notwendig, sonst wird vielleicht bereits vor dem eigentlichen Gespräch alles »zerredet«.

In der Regel gehört es zur Gesprächsvorbereitung für den Leiter, sich über den möglichen Verlauf des Gespräches schon vorher Gedanken zu machen. Aber er sollte trotzdem keine Struktur vorgeben (an die sich dann erfahrungsgemäß doch niemand hält!), sondern bewußt die Phase der **»gemeinsamen Gesprächsplanung«** versuchen.

Zu 4c) **ZWISCHENZUSAMMENFASSUNG:**

Zusammenfassungen verdeutlichen den gegenwärtigen Stand der Diskussion, verhindern Mißverständnisse, klären ab, stellen die weiteren Gesprächsbeiträge auf eine neue Basis etc.

Arbeitsblatt XII
Strukturierungsphase

1. Einigen Sie sich in der Gruppe auf ein bestimmtes aktuelles Thema, über das Sie miteinander diskutieren könnten.

2. Legen Sie einen GESPRÄCHS-ANLASS fest, vor allem, mit welchem Ziel Sie diskutieren wollen (z.B.: gegenseitige Meinung erfahren, sich hinterher einigen etc.) und als welche Gruppe Sie in welcher Situation diskutieren. (Sie können auch einen fiktiven Anlaß wählen, z.B. »Eine Gruppe von Personalräten, die . . .« oder »Eine Bürgerinitiative, welche . . .« etc.)

3. Notieren Sie diesen Gesprächs-Anlaß.

4. Führen Sie nun die GEMEINSAME GESPRÄCHSPLANUNG (diskutieren Sie aber nicht!), d.h. legen Sie fest, über welche Problemkreise Sie diskutieren werden und über welche nicht, und einigen Sie sich über die Reihenfolge, in der Sie die einzelnen Punkte besprechen wollen.

5. Notieren Sie in Stichpunkten das Ergebnis Ihrer Strukturierungsphase.

SIE HABEN ALSO NOCH NICHT DISKUTIERT, SONDERN LEDIGLICH DAS EIGENTLICHE GESPRÄCH VORBEREITET!

**Eine Konferenz ist eine Sitzung,
bei der viele hineingehen
und wenig herauskommt.**

(Werner Finck)

5.1.2
Konferenzleitung

Unter »Konferenz« verstehen wir jede größere Besprechung mit mehreren Tagesordnungspunkten. Die folgenden Hinweise können – neben den allgemeinen für das Sachgespräch (Kap. 5.1.1) – die Vorbereitung einer Konferenz erleichtern und den wesentlichen Ablauf stichwortartig sichtbar machen:

0
VORBEREITUNG

Tagesordnungspunkte, Inhalte, Probleme

△ Rechtzeitige Information über die Besprechungspunkte
△ Evtl. Vorgespräche mit den späteren Teilnehmern über Inhalte und Probleme
△ Aufstellen der (vorläufigen) Tagesordnung

Teilnehmer, Einladungen

△ Frühzeitige Planung, wer einzuladen ist
(Schon manche Konferenz ist »geplatzt« oder im Sande verlaufen, weil die entscheidenden Personen nicht eingeladen waren)
△ Rechtzeitige (!) Einladung mit Zusendung der Tagesordnung und – wenn möglich – einer Liste der Konferenzteilnehmer
(Evtl. frühe Terminabsprache mit wichtigen Teilnehmern)
△ Evtl. Ladungsfristen (der Geschäftsordnung) beachten

Raum

△ Für die Teilnehmerzahl passende Größe
(Zu kleine Räume können Aggressivität fördern, zu große
Räume lassen evtl. keine Atmosphäre aufkommen)

△ Organisatorische Vorbereitung: der Raum muß offen,
gelüftet und geheizt sein etc.

Sitzordnung

△ Vgl. auch Kapitel 2.1.1 B (S. 40ff): Die Bedeutung der Sitzordnung auf den Ablauf kommunikativer Prozesse

△ Können sich alle Teilnehmer sehen?
(Anordnung der Tische in U-Form, im Rechteck, runder
Tisch etc.; wer sorgt dafür, daß vor Konferenzbeginn
alles rechtzeitig gerichtet wird?)

Technische Hilfsmittel

△ **Vorher** informieren: was wird gebraucht (evtl. von
wem, vorher erkundigen): Overhead-Projektor, Tafel,
Video, Flipchart etc.

△ Wer besorgt diese Hilfsmittel?

Zeitpunkt und Dauer

△ Realistische Zeitplanung

△ Nicht nur den Zeitpunkt des Beginns, sondern auch das
geplante Konferenzende in der Einladung angeben

△ Übrigens: Teilnehmer sind nicht zu jeder Tageszeit
gleichermaßen gesprächsbereit!

Protokollart und Protokollführer

△ Soll ein Ergebnis- oder ein Verlaufsprotokoll angefertigt
werden?

△ Wird mit sog. »Protokollnotizen« gearbeitet, über die

noch während der Konferenz verbindlich abgestimmt
wird?
△ Wer führt das Protokoll?
(Protokollführer haben oft einen entscheidenden Ein-
fluß auf die Formulierung!)
△ Protokollführer(in) möglichst vorher bestimmen.

1
ERÖFFNUNG DER KONFERENZ

△ Pünktlicher und offizieller Beginn
△ Begrüßung
△ Evtl. allgemeine Hinweise (z.B. Pausen, Essenszeiten etc.)
△ Stellenwert der heutigen Konferenz (s. oben, S. 179):
Inhalte und Bedeutung
Besprechungsziel(e)
△ Festlegung der endgültigen Tagesordnung

2
BESPRECHUNG

Für **jeden** einzelnen Tagesordnungspunkt gilt: (vgl. auch Kapitel 5.1.1)

a) Vorstrukturierung (gemeinsame Gesprächsplanung):
△ Verschiedene Aspekte und Problemkreise
△ Evtl. Abgrenzung, Einschränkung, Ausklammerung,
△ Gliederung, Gedankengang,
d.h. Festlegung der Reihenfolge der zu besprechenden
Aspekte

b) Besprechung der einzelnen Aspekte in der oben festgelegten Reihenfolge **jeweils** mit Zwischenzusammenfassung und evtl. Protokollnotiz

c) Ergebnis und Zusammenfassung des jeweiligen Tagesordnungspunktes,
evtl. mit abschließender Verlesung und Genehmigung aller
Protokollnotizen zu diesem Tagesordnungspunkt

d) Deutlicher Abschluß des jeweiligen Tagesordnungspunktes
und Übergang zum nächsten TOP

3
KONFERENZABSCHLUSS

△ Endzusammenfassung mit Hervorhebung der wichtig-
sten Beschlüsse
△ Evtl. genaues Festlegen des weiteren Vorgehens
(mit erneuter Protokollnotiz!)
△ Evtl. Vereinbarung des nächsten Termins
△ Dank und offizieller Abschluß

HINWEISE FÜR DEN KONFERENZTEILNEHMER

Neben dem Konferenzleiter hat auch der **Konferenzteilneh-mer** vor der Konferenz bei seiner Vorbereitung vieles zu bedenken:

z.B.:

△ Wer ist Leiter(in) der Konferenz?
(Welche Positionen vertritt er/sie?)
△ Wer sind die anderen Teilnehmer(innen)?
△ Was wird in welcher Reihenfolge besprochen? Möchte ich an dieser Reihenfolge etwas ändern?
△ Welche Interessenkonflikte sind zu erwarten?
△ Wie kann ich meine Position vertreten, begründen, was ist beweisbar?
△ Welche Unterlagen muß ich richten, mitnehmen, evtl. für die anderen Teilnehmer vervielfältigen?
△ Welche Strategie muß ich verfolgen?

Für Leiter wie Teilnehmer gilt: nur eine gründliche Vorbereitung sichert einen befriedigenden Verlauf der Konferenz und hinterher vertretbare Vereinbarungen.

5.1.3
Gesprächsleiterverhalten

△ Darf ein Gesprächsleiter seine eigene Meinung sagen?

△ Soll der Gesprächsleiter die Reihenfolge der Wortmeldungen einhalten?

△ Darf ein Gesprächsleiter einen Diskussions-Teilnehmer unterbrechen?

△ Soll der Gesprächsleiter am Anfang eine Einführung geben?

△ Soll der Gesprächsleiter die Redezeit festlegen?

Diese und andere Fragen nach dem Gesprächsleiter-Verhalten lassen sich mit »Ja« und »Nein« beantworten, je nachdem, an welche konkrete Gesprächssituation der Fragende gerade denkt: an eine Dienstbesprechung, an eine Podiumsdiskussion, an eine Diskussionsrunde etc.

In der Literatur zur angewandten Rhetorik finden sich häufig »Regeln für die Gesprächsleiter«, wobei fast stets an die öffentliche Diskussion gedacht wird. Vorschriften wie »Der Gesprächsleiter verhalte sich neutral und äußere seine eigene Meinung nicht« oder »Der Gesprächsleiter notiere sich die Reihenfolge der Wortmeldungen« etc. gelten dort und fast nur ausschließlich dort.

Viele dieser Regeln, die eigentlich »Regeln für Moderatoren« heißen müßten, sind zudem falsch. So heißt es häufig, der Gesprächsleiter müsse seine Meinung als Frage formulieren. Das allerdings ist jedem kommunikativen Prozeß hinderlich. Meinung formuliere man als Meinung, Frage als Frage, Vermutung als Vermutung, Gefühl als Gefühl. Das gilt grundsätzlich.

In den Diskussionen des privaten und beruflichen Alltags jedoch ist der sog. Gesprächsleiter **zugleich** auch **Teilnehmer** der Gesprächsrunde; d.h. er wird sich mit seiner Meinung, seinen Vorstellungen und seinem Wissen in gleicher Weise einbringen wie die anderen Gesprächsteilnehmer. Er hat (z.B. durch sein Fachwissen oder seine institutionelle Stellung, etwa als Vorgesetzter) die zusätzliche **Verantwortung für den Ablauf des Gesprächs.** Deshalb ist es zutreffender, vom **Gesprächsverantwortlichen** zu sprechen.

Im SACHGESPRÄCH sind die Aufgaben des Gesprächsverantwortlichen:

△ **Eröffnung des Gesprächs, Begrüßung, Vorstellung**

△ **Feststellung oder Erarbeitung des Gesprächs-Anlasses**

△ **Organisation und Leitung der gemeinsamen Gesprächsplanung (Strukturierungsphase)**

△ **Gesprächsanstöße zu den einzelnen Problemkreisen**

△ **Zwischenzusammenfassungen (Vgl. ARBEITSBLATT XIII)**

△ **Evtl. Worterteilung (falls nötig)**

△ **Evtl. Wortentzug (falls unbedingt notwendig)**

△ **Feststellen des Gesprächsergebnisses.**

Sein Verhalten sollte beitragen

△ **zur gemeinsamen Klärung der anstehenden Probleme**

△ **zur Möglichkeit der freien Äußerung aller Teilnehmer**

△ **zur argumentativen Auseinandersetzung.**

Das ist nur möglich, wenn der Gesprächsverantwortliche

△ **sensibel ist für die nonverbalen Zeichen der Teilnehmer – und für seine eigenen**

△ **seine Meinung gleichberechtigt neben die der anderen Teilnehmer stellt**

△ **Gruppenprozesse erkennen und kritische Situationen auffangen kann**

△ **Gesprächsteilnehmer zur Verbalisierung ihrer Gedanken und Gefühle anregen kann**

△ **gelernt hat zuzuhören.**

Die folgenden Kapitel (insbes. Kapitel 5.3, 5.4.3, 5.5 und 5.6) sowie die Abschnitte über den nonverbalen Ausdruck (Kapitel 2.1) geben hierzu wichtige Hinweise.

Im übrigen kann es – gerade im größerem Kreis – sinnvoll sein, einzelne Funktionen (z.B. das Führen einer Liste der Wortmeldungen) an andere Besprechungsteilnehmer(innen) zu delegieren.

Arbeitsblatt XIII
Zusammenfassung

Zu den schwierigsten Aufgaben des Gesprächsverantwortlichen zählt das Zusammenfassen. Die vielleicht wichtigste Übung zum Leiten von Gesprächen ist deshalb das Training der Zusammenfassung. Hierzu dienen, nach Schwierigkeit aufgebaut, die folgenden Übungen:

1. Lesen Sie einen Zeitungskommentar, und geben Sie die wesentlichen Gedanken wieder.

2. Hören Sie einen Rundfunk- oder Fernsehkommentar, und fassen Sie anschließend zusammen.

3. Lesen Sie mehrere kurze Zeitungsartikel (am besten wieder Kommentare) ohne Unterbrechung hintereinander, und fassen Sie danach die verschiedenen Artikel zusammen.

4. Nehmen Sie Rundfunk- oder Fernseh-Diskussionen auf Band auf. Wenn Sie das Band hinterher abspielen, stoppen Sie alle 5 Minuten (später alle 10 Minuten und zuletzt alle 15 Minuten) das Band und fassen Sie das Gespräch zusammen.

5. Nach jeder Zusammenfassung stellen Sie sich die Fragen der Kriterien zur Auswertung auf der folgenden Seite.

Kriterien zur Auswertung von Zusammenfassungen:

a) Vergleichen Sie nach der Zusammenfassung Originalbeitrag und Zusammenfassung hinsichtlich der inhaltlichen Richtigkeit:

△ Wurden alle wichtigen Gedanken genannt?

△ Wurde das jeweils Wesentliche erkannt und in der Zusammenfassung entsprechend deutlich?

b) Analysieren Sie Zusammenfassungen nach folgenden drei Dimensionen:

1. Subjektivität/Objektivität

△ Wurde versucht, weitgehend objektiv zusammenzufassen oder

△ war die Zusammenfassung subjektiv, von eigener Meinung und Einstellung beeinflußt?
(Wenn ja, war diese Subjektivität offen oder versteckt?)

2. Auswahlprinzip

△ Was wurde zusammengefaßt, was nicht?

△ Erhielten in der Zusammenfassung alle Gedanken gleicher Wichtigkeit auch den gleichen Raum?

△ Nach welchem Grundsatz wurden die Punkte ausgewählt, die in die Zusammenfassung aufgenommen wurden?

3. Ausführlichkeit

△ Wie lang war die Zusammenfassung im Verhältnis zum Original?

c) Abschließend fragen Sie:

△ Wäre der jeweilige Kommentator bzw. der jeweilige Sprecher wohl mit dieser Zusammenfassung einverstanden?

5.1.4
Verhandlung

Recht haben und Recht bekommen ist nicht dasselbe. Objektive Entscheidungen über richtig und falsch gibt es im Falle eines Interessen-Gegensatzes nicht.

Recht und richtig ist, was für beide Interessenseiten gemeinsam als akzeptabel ausgehandelt wurde.

Mit den Methoden erfolgreichen Verhandelns beschäftigt sich die angewandte Dialektik.

Bei der Frage nach einer Definition der Dialektik flüchtet sich der Rhetoriker gerne ins Beispiel:

> Ein Kapuziner und ein Jesuit haben dasselbe Problem: sie rauchen gerne, und die lange Zeit der Gebete hindert sie arg bei ihrem Laster. Deshalb wenden sie sich an ihren jeweiligen Abt.
>
> Der Kapuziner fragt: »Darf ich beim Beten rauchen?« und erhält von seinem Abt die Antwort: »Mein Sohn, wenn Du mit Gott sprichst, solltest Du auf derlei weltliche Genüsse wahrlich verzichten!«
>
> Der Jesuit fragt hingegen seinen Abt: »Darf ich auch beim Rauchen beten?« »Ja, mein Sohn«, erhält er zur Antwort, »mit Gott sprechen darfst Du immer, und es ist löblich von Dir, selbst beim Rauchen an Gott zu denken.«
>
> So darf der eine heute beim Beten rauchen – der andere nicht.

Die folgenden Kapitel enthalten eine kurze Zusammenstellung wichtiger Verhandlungsgrundsätze und prinzipieller Denkanstöße sowie eine Sammlung zehn sehr unterschiedlicher, aber typischer Verhandlungsstrategien.

Darüber hinaus aber finden Sie an vielen anderen Stellen dieses Buches Hinweise, die für die Verhandlungsführung von großer

Bedeutung sind; denn die Verhandlung ist eine Spezialform des Sachgesprächs. Um Wiederholungen zu vermeiden, kann hier nur auf auch für das Verhandeln wichtige Abschnitte verwiesen werden:

Kapitel

2.1   Nonverbaler Ausdruck

3.1   Verständlichkeit

3.2.4 Verhandlungsrede

4   Argumentation und Manipulation

5.1.1 Ablauf eines Sachgespräches

5.1.2 Konferenzleitung

5.1.5 Problemlösungsgespräch

5.2   Fragetechniken

5.3   Non-direktives Gesprächsverhalten

»Erfolgreich verhandeln« ist kein isoliertes Lernziel. Eine individuelle Optimierung des Verhandelns ist nur erreichbar über die Verbesserung vieler rhetorischer Verhaltensweisen.

GRUNDSÄTZE DER VERHANDLUNGSFÜHRUNG

1. In der Regel scheitert erfolgreiche Verhandlungsführung in dem Augenblick, in dem das Selbstwertgefühl des Verhandlungspartners angegriffen wird. Zu der Verteidigung der Sache tritt dann noch die Verteidigung der eigenen Person. Deshalb: zuhören können, den Partner respektieren, mit Anerkennung nicht sparen.

2. Jeder Meinungswechsel muß ohne »Gesichtsverlust« möglich sein. Verhandlungspartner brauchen Zeit, um sich überzeugen zu lassen.

3. Gerade am Verhandlungsbeginn sollte versucht werden, Gemeinsames herauszustellen und Konfrontation zu ver-

meiden. Auch ein eindeutiges Festlegen des Partners möglichst vermeiden, damit der Verhandlungsprozeß wirklich offen bleibt.

4. Achten Sie besonders auf die Reihenfolge der Verhandlungspunkte. Von ihr hängt häufig das spätere Ergebnis ab!

5. Argumente überzeugen leichter, wenn der Verhandelnde eher schnell spricht. Angemessen schnell sprechende Verhandlungspartner genießen in der Sache einen »Glaubwürdigkeits-Vorschuß«.

Diese Regel gilt nicht in den Kontakt-Phasen z.B. während des Verhandlungsbeginns oder in persönlichen Passagen im Laufe einer Verhandlung.
Aufgrund vieler empirischer Untersuchungen läßt sich allgemein ableiten:
Langsames Sprechen weckt Vertrauen in die Persönlichkeit des Sprechers, schnelles Sprechen weckt Vertrauen in seine Sachkompetenz.
Allerdings sind einige Einschränkungen notwendig: Gerade »schnelles Sprechen« benötigt Pausen, Argumente müssen aufgenommen und verarbeitet werden können; »schnelles Sprechen« darf nicht dazu führen, daß der Partner überfahren wird, sich überredet fühlt, nicht mehr zu Wort kommt.

6. Verhandlungspartner mit hohem Redeanteil überzeugen leichter.
Quantität überdeckt zwar mangelnde Qualität nicht, aber qualitative Einwände häufig schweigender Verhandlungspartner werden in ihrem Stellenwert oft nicht erkannt.
Auch hier muß allerdings eingeschränkt werden: »Hoher Redeanteil« darf nicht mißverstanden werden als »Vielschwätzerei«; außerdem gehört zum Reden immer auch die Fähigkeit, zuhören zu können.

7. Eine offene, entspannte Körperhaltung kann die Verhandlung positiv unterstützen.

   Der entspannte Verhandlungspartner ist der bessere Verhandlungspartner!

   Vgl. hierzu vor allem die Ausführungen über Lampenfieber und Sprechhemmungen. Auch in Verhandlungssituationen führt ein hoher Spannungszustand (häufig verbunden mit anderen physiologischen Streßmerkmalen) aus biochemischen Gründen zur Beeinträchtigung intellektueller Leistungen (hier vor allem der Speicherung und Abrufung von Informationen).

8. Engagiertes Sprechen ist erste Voraussetzung erfolgreichen Verhandelns (Vgl. Kapitel 2.3, die Grundsätze 1 und 2 hängen eng mit dem Engagement des Sprechers zusammen).

9. Verhandlungspartner aktivieren (in praktischer Demonstration, durch Notizen, Rechnen etc.) heißt oft auch, ihre Entscheidungen zu lenken.

10. Wiederholungen des Standpunktes können oft leichter überzeugen (oder sollte man hier besser sagen »überreden«) als Argumente, Erläuterungen und Beweise.

11. Argumente müssen nicht nur wahr, sondern glaubhaft für die jeweiligen Verhandlungspartner sein.

    Schriftlich vorliegende und exakte, detaillierte Fakten werden leichter akzeptiert.

    Eine Kette ist stets schwächer als ihr schwächstes Glied.

    Ein widerlegtes Argument widerlegt die gesamte Argumentation. Nur gründliche Verhandlungsvorbereitung kann auf Dauer Verhandlungserfolg sichern.

12. Vielleicht wichtigster Punkt für die Verhandlungsführung ist deshalb die Vorbereitung.

Die inhaltliche Vorbereitung sollte immer auf zwei Ebenen
ablaufen:

a) Eigene Position
   (Maximal- und Minimalforderungen; eigene Verhand-
   lungsschwerpunkte; Bedingungen für einen Kompromiß; argumentatives Vorgehen etc.)

b) Position des Partners
   (Seine Maximal- und Minimalforderungen – wie ich sie
   vermute; welche Argumente wird der Partner bringen:
   wie begegne ich ihnen)

Zur optimalen Vorbereitung gehört darüber hinaus vor allem
auch das Zusammenstellen und zur-Hand-Haben (!) der notwendigen Unterlagen.

10 VERHANDLUNGSMETHODEN

Die folgenden 10 Verhandlungsmethoden sind von H. Chr. ALT-
MANN entnommen.

Diese Methoden stellen weder exemplarische Gültigkeit noch
Vollständigkeit dar. Sie können allerdings die Weite praktizier-
ten Verhandelns aufzeigen, Anstöße zum Durchschauen von
Verhandlungssituationen geben und zugleich unreflektiert
übernommene Verhandlungsmethoden in Frage stellen.

Diese Verhandlungsmethoden **müssen** nicht richtig sein; sie
dürfen erst recht nicht als empfohlene »Gebrauchsanweisung«
mißverstanden werden. Gegen die meisten dieser Methoden
ist sogar ein gesundes Mißtrauen angebracht. Sie zu kennen,
kann dennoch für das eigene Verhalten wichtig sein, wenn von
Partnern diese – oder andere, ähnliche – Methoden angewandt
werden. Diese zehn Methoden stehen hier u.a. als Demonstra-
tionsbeispiel typischer Populär-Literatur zur Verhandlung.

ZEHN VERHANDLUNGSMETHODEN

(nach Hans Christian ALTMANN)

1. Bilanzmethode

△ zuerst möglichst viele in Zahlen bewertbare Argumente sammeln

△ vor dem Verhandlungspartner (VP) alle Pro- und Kontra-Argumente in einer Art BILANZ schriftlich gegenüberstellen

△ den VP durch das Ungleichgewicht der beiden Seiten von der Stärke der eigenen und der Schwäche der gegnerischen Argumente überzeugen

2. Vier-Stufenmethode

△ zuerst vier verschiedene Lösungsvorschläge ausarbeiten. Kriterium sind Qualität und Durchsetzbarkeit!

△ VP stufenweise von der schlechtesten Lösung (Stufe 4) weg bis zur besten Lösung (Stufe 1) hinaufverhandeln, bzw. sich wieder auf Stufe 2 herunterhandeln lassen (allgemeiner Kompromiß!)

3. Kongreßmethode

△ zuerst gezielt nach Verhandlungswaffen (Argumenten, Prinzipien) und der geeigneten Verhandlungstaktik (Wiederholungstechnik) suchen

△ verbündete VP durch die Mobilisierung von Konkurrenzgefühlen und Verunsicherungen spalten

△ eigene Verbündete durch die Betonung gemeinsamer Interessen gewinnen

4. Senfkornmethode

△ dem VP genauso sagen, was man will: wo, wann, wie . . .

△ ihm aber zugleich verbieten, sofort zu antworten.

5. Überrumpelungsmethode

△ zuerst genauen Zeitplan aufstellen. Stillschweigen gegenüber jedermann!

△ dann die VP durch die Vorspiegelung einer plötzlichen Gefahr oder Chance unter Termin- und Handlungszwang setzen!

6. Politikermethode

△ zuerst alle Forderungen und Wünsche der VP ohne Widersprechen anhören

△ dann den VP nach Begründung, Berechtigung, Realisierbarkeit seiner Forderungen fragen!

7. Schuldmethode

△ den VP sofort bei dem

erstbesten »Fehler« angrei-
fen, zur Rechenschaft ziehen

△ dem VP dramatisierend
aufzeigen, welch großen
Schaden er angerichtet hat

△ ihn zugleich auf die große Aufgabe hinweisen, der
alle verpflichtet sind!

8. Schauspielermethode

△ zuerst dem VP völlige
Gleichgültigkeit gegenüber
seinem Angebot zeigen

△ dann durch »Schauspie-
lereien« (Lachen, Spott,
Hohn, Aufbruchsimulie-
rung) Persönlichkeit des VP
und Verhandlungsspiel-
raum testen!

△ Hauptverhandlung erst
beginnen, wenn sich beide
VP »akzeptiert« haben!

9. Verschiebungsmethode

△ Argumente und Ent-
scheidungsfragen (ja oder
nein?) des VP nicht akzeptieren

△ eigene Argumentation
auf die eigentliche Kernfrage verschieben

△ Kernfrage in Form von
zwei Kriterien (gut oder bö-
se?) zur Entscheidung stellen!

10. Kompromißmethode

△ zur Meinung des VP eine extrem gegensätzliche Meinung konstruieren

△ dann sich von diesen beiden extremen Meinungen distanzieren und als »Kompromiß« die eigene Meinung vorschlagen!

Um keine Mißverständnisse aufkommen zu lassen, einige Anmerkungen:

Viele dieser Methoden sind mehr als übel, ihre Anwendung verbietet sich nicht nur aus moralischen Überlegungen; erfolgreiches Verhandeln geht über den Verhandlungstag hinaus; wer heute überrumpelt wurde, ist morgen kein verläßlicher Partner mehr.

Dennoch: die zehn vorgestellten Methoden (und viele andere) sind allzuoft alltägliche Praxis und haben das Image ganzer Berufsgruppen zerstört. Umsomehr allerdings (unseriöse) Strategien als Strategien erkannt werden, umso geringer ihr Einfluß, umso mehr Gewicht haben wieder Argumente und ihre Qualität.

»Wenn zwei sich streiten, hat ein dritter sie oft schon längst in der Hand . . .«

Arbeitsblatt XIV
Verhandeln

Nicht in jeder Situation und mit jedem Verhandlungspartner ist jede Verhandlungsmethode erfolgreich.

1. Überlegen Sie sich aus Ihrer bisherigen Verhandlungspraxis zu jeder der 10 Methoden eine **konkrete Situation,** in der diese Methode praktiziert wurde – oder evtl. zum Erfolg hätte führen können.

2. Überlegen Sie zu jeder Methode eine **konkrete Situation,** bei der die jeweilige Methode einen Verhandlungserfolg unmöglich gemacht hätte.
   Begründen Sie Ihre Bedenken.

3. Erläutern Sie an den Verhandlungsmethoden von ALTMANN die Grenze zwischen »Argumentieren« und »Manipulieren«, zwischen »Überzeugen« und »Überreden«.

Ein Abend,
an dem sich alle Anwesenden völlig einig sind,
ist ein verlorener Abend.

(Albert Einstein)

5.1.5
Problemlösungsgespräch

Das folgende Acht-Phasen-Modell (nach FITTKAU u.a.) zur Lösung von Problemen ist nur geeignet, wenn
△ die Kommunikationspartner an einer Einigung interessiert oder
△ zum Kompromiß verpflichtet sind.

Das Modell kann helfen, eine für beide Seiten akzeptable Problemlösung zu finden.
Der durch das Problem entstandene Konflikt wird in 8 Gesprächsphasen gelöst:

1. Wo liegen die ERFORDERNISSE zur Konfliktregelung: von innen bzw. von außen?

In der Eingangsphase klären die Konfliktpartner ihre unterschiedlichen Positionen ab; die Situation, die zur Notwendigkeit der Problemlösung führt, wird angesprochen, der (vielleicht) unterschiedliche Informationsstand der Gesprächspartner wird aufgehoben.

2. Wo liegen die GEMEINSAMEN ZIELE?

Vor der eigentlichen Verbalisierung des Konfliktes wird über die gemeinsamen Interessen gesprochen. Ein Problem ist nur dann im Gespräch zu lösen, wenn zumindest in dem Ziel der gemeinsamen Konfliktbewältigung Übereinkunft besteht. Die Motive für diese Bewältigung können dabei verschieden sein.

3. Wo liegen die PROBLEME einer gemeinsamen Bewältigung des Konfliktes?

Nach den Gemeinsamkeiten werden die Schwierigkeiten besprochen, die diese Konfliktregelung notwendig gemacht haben.

4. Welche UNTERSCHIEDLICHEN LÖSUNGEN sehen die Konfliktpartner, welche Alternativen sind möglich?

In dieser Gesprächsphase werden die verschiedenen Möglichkeiten zu einer Lösung des Problems möglichst unkommentiert und unbewertet gesammelt.

5. Was spricht FÜR UND GEGEN die einzelnen Lösungen?

Phase der eigentlichen Argumentation.
(Mit dieser Phase **beginnen** häufig die Versuche einer Problemlösung und lassen deshalb eine Übereinkunft nicht zustande kommen.)

6. Wie sieht jetzt die Lösung aus, die von allen Partnern am ehesten AKZEPTIERT werden kann?

Versuch der Einigung, Finden des Kompromisses, der das Problem und den sich daraus ergebenden Konflikt regelt.
(Mit dieser Phase schließen die meisten – erfolgreichen – Problemlösungsgespräche ab.
Dennoch ist die getroffene Regelung zumeist nur stabil, wenn die nächsten beiden Fragen noch zur Sprache kommen.)

7. Wie wird die gefundene Lösung konkretisiert, welche KONSEQUENZEN hat sie?

Diese Fragestellung läßt das Gespräch oft wieder zur Phase 5 zurückkehren, wenn nicht alle Konsequenzen bedacht wurden.

8. Ist die gefundene GESAMTLÖSUNG noch in aller Interesse?

Zur befriedigenden Konfliktregelung gehören auch alle evtl. Konsequenzen und Auswirkungen. Nur durch die 8. Phase kann die Lösung Gültigkeit behalten.

Bei Uneinigkeit: Zurück zur Phase 5.

**Klug zu fragen ist schwieriger,
als klug zu antworten.**

(Persisches Sprichwort)

**Man muß viel gelernt haben,
um über das, was man nicht weiß,
fragen zu können.**

(Rousseau)

5.2
Fragetechniken

**Wer fragt,
führt, aktiviert, produziert.**

Fragen
△ geben neue Impulse,
△ können klären, verdeutlichen,
△ bringen Prozesse neu in Gang,
△ verändern Kommunikations-Situationen.

Wir unterscheiden
a) **geschlossene** und **offene** Fragen
und
b) **direkte** und **indirekte** Fragen

GESCHLOSSENE FRAGEN lassen nur vorher festgelegte Antworten zu. Es können einfache Alternativ-Fragen sein (z.B. »Ja – Nein« – Fragen), aber auch Mehrfachwahlfragen oder Listenfragen.
Die geschlossene Frage (z.B. in Fragebögen) ist geeignet, schnell und knapp gewünschte Informationen zu erhalten.

In den meisten Fällen sind jedoch die Antwortmöglichkeiten, anders als bei der geschlossenen Frage, vom Fragenden **nicht absehbar.**

Deshalb sind die meisten Fragen sog. OFFENE FRAGEN.

Zwei Beispiele zur Verdeutlichung:

△ Sind sie schon 18 Jahre alt?　　= geschlossene Frage

△ Wie alt sind Sie?　　= offene Frage

Entscheidender ist die Unterscheidung zwischen direkter und indirekter Frage.

DIREKTE FRAGEN nennen wir alle Fragen, die unmittelbar das erfragen, was der Frager wissen möchte. Die meisten Fragen des Alltags sind direkte Fragen.

In bestimmten Gesprächssituationen sind direkte Fragen unerläßlich. Sie dienen u.a. dem Ziel

△ Informationen abzufragen,

△ Probleme zu verdeutlichen,

△ Gespräche in eine bestimmte Richtung zu lenken,

△ Widerstände abzubauen,

△ einen Konsens herzustellen,

△ die Aufnahmekapazität der Partner zu prüfen,

△ Ergebnisse zu kontrollieren,

△ Mißverständnisse rechtzeitig aufzuklären etc.

Wir unterscheiden 4 direkte Fragen.

1. Informationsfrage

Informationsfragen dienen dem Zweck, Meinung und Fakten unmittelbar zu erfahren. Dazu gehören alle sog. »W-Fragen« (wer, wann, wo etc.) und alle Fragen, die eine konkrete Information zum Ziel haben.

△ Wieviel Uhr ist es?

△ Was kostet das?

△ Wo ist der Bahnhof?

△ Kommen Sie morgen?

Informationsfragen können somit geschlossene oder offene Fragen sein (s.o.).

VORTEIL: Direktes, schnelles Erfahren der gewünschten

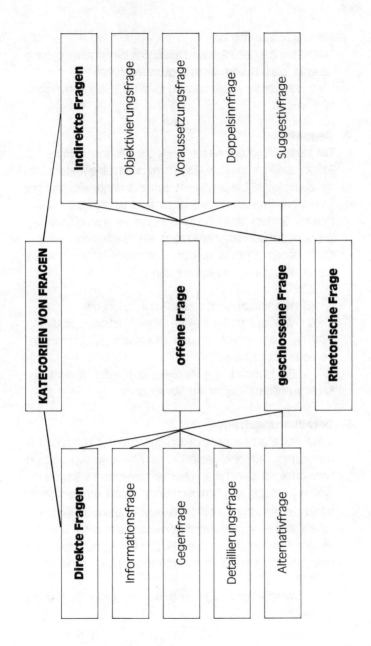

KATEGORIEN VON FRAGEN

Indirekte Fragen
- Objektivierungsfrage
- Voraussetzungsfrage
- Doppelsinnfrage
- Suggestivfrage

offene Frage

geschlossene Frage

Rhetorische Frage

Direkte Fragen
- Informationsfrage
- Gegenfrage
- Detaillierungsfrage
- Alternativfrage

konkreten Information;

NACHTEIL: Das Gespräch wird häufig in eine andere Richtung gelenkt, die u.U. vom Kernproblem wegführt;

als geschlossene Frage können sie z.T. als Suggestivfragen wirken! (s.u.)

2. Gegenfrage

Die Gegenfrage beinhaltet die Nicht-Beantwortung einer Frage; die ursprüngliche Frage wird durch eine weitere Frage abgeblockt. Der Sinn liegt zumeist darin, eine nähere Stellungnahme des Gesprächspartners zu provozieren, auf neue Gesichtspunkte hinzuweisen, vor der eigenen Antwort mehr Informationen vom Fragenden zu erhalten.

Die Gegenfrage kann u.U. auch als indirekte Frage – etwa als Suggestivfrage – geäußert werden.

z.B.

A.: »Wie soll ich denn dieses Problem lösen?«

B.: »Was meinen Sie, welche Möglichkeiten es gibt?«

VORTEIL: Konkretisierung und Lenkung von Gesprächen; vertiefte Information;

NACHTEIL: Eindruck des Ausweichens, evtl. mangelnder Sachkompetenz; Gefahr der Manipulation.

3. Detaillierungsfrage

Diese Fragetechnik geht davon aus, daß der Kommunikationspartner auf eine gestellte Frage keine Antwort geben kann oder will. Der Frager fügt nun eine weitere Frage nach einem Teilaspekt an, fragt nach einem Detail, um damit eine konkrete Antwort zu erhalten, ein Problem zu verdeutlichen, das noch nicht erkannt wurde oder auch, um eine direkte Konfrontation zu vermeiden. Häufig führt der Weg über Detailfragen zur schnelleren Lösung des Problems.

z.B.

A.: »Welche Vorschläge haben Sie, um dieses Problem zu lösen?«

B.: Keine Antwort

A.: »Nehmen wir an, wir entscheiden uns für XY; was halten Sie davon?«

VORTEIL: Hinführung zu neuen Lösungen, Erleichterung von Stellungnahmen;

NACHTEIL: Eventuelle Ablenkung vom Thema, Einengung des Partners.

4. Alternativfrage

Alternativfragen stellen in geschlossener Frageform zwei Alternativen zur Wahl, ohne weitere Auswahlkriterien anzubieten.

Beispiel: Können Sie mir das am Montag oder erst am Dienstag liefern?

oder: Sollen wir uns für dieses oder doch lieber für jenes Angebot entscheiden?

VORTEIL: Stärkere Beteiligung der Gesprächspartner an Entscheidungen; Konzentration auf das Wesentliche;

NACHTEIL: Einengung auf nur zwei Alternativen. Dadurch Gefahr der Manipulation.

INDIREKTE FRAGEN nennen wir alle Fragen, bei denen der Fragende eine bestimmte Strategie verfolgt oder bei denen nicht nach der eigentlich gewünschten Information gefragt wird.

Aus dem großen Bereich indirekter Fragen greifen wir 4 charakteristische und häufige Fragetypen heraus:

1. Objektivierungsfrage

Der Fragende (z.B. Gesprächsleiter) stellt die Frage nicht nach der persönlichen Meinung der Teilnehmer, sondern nach allgemein möglichen Meinungen. Ansichten etc.. Damit kann zum einen die zu frühe Identifikation des Teilnehmers mit seiner Meinung verhindert werden, Kompromisse und evtl. gemeinsame Lösungen werden erleichtert. Zum anderen wird den Teilnehmern ermöglicht, auch dann ihre Meinung zu äußern, wenn sie befürchten, evtl. mit ihrer Ansicht allein dazustehen und sie deshalb zurückhalten.

Beispiele für (oft ungünstige) »Meinungsfragen«:

△ »Wie stellen Sie sich zu diesem Problem? . . .«

△ »Was sagen Sie dazu . . .?«

Beispiele für die (oft günstigeren) »Objektivierungsfragen«:

△ »Sammeln wir die verschiedenen Ansichten zu diesem Problem . . .«

△ »Wie stellt man sich in Ihrer Abteilung zu . . .«

△ »Erarbeiten wir zunächst einmal die verschiedenen Alternativen . . .«

VORTEIL: Keine sofortige Indentifizierung mit der geäußerten Meinung, offenere Stellungnahme, kann Gesprächsprozesse öffnen;

NACHTEIL: Ausweichen, Gefahr der Manipulation.

2. Voraussetzungsfrage

Bei dieser Fragestellung wird das eigentlich zu Erfragende stillschweigend vorausgesetzt, die Frage richtet sich auf die Folgerung oder ein Detail.

z.B.:

Statt: »Waren Sie gestern morgen in der Besprechung bei X?«,

etwa: »Wie lang ging denn gestern die Besprechung bei X?«,

wenn der Fragende wissen will, ob der Befragte an der Besprechung bei X teilgenommen hat.

VORTEIL: Erhalt wichtiger Informationen, Vermeidung falscher (unehrlicher) Antworten;

NACHTEIL: Manipulation, schafft evtl. Mißtrauen.

3. Doppelsinnfrage

Hierunter verstehen wir Fragen, bei denen sich der Fragende ganz bestimmter in jeder Gesellschaft bekannter Sprachspiele bedient.

z.B.:

»Haben Sie heute abend schon etwas vor?«
als vorsichtige Einladung, statt Frage »Gehen Sie heute abend mit mir . . .«
Der Fragende weiß, daß der Gefragte (i.d.R.) den doppelten Sinn versteht und entsprechend reagiert. Hat er keine Lust, mit dem Frager einen Abend zu verbringen, kann er antworten: »Leider bin ich schon . . .«. Er sagt ab, ohne eine Absage zu erteilen.

Im Alltag gibt es eine Fülle solcher Sprachspiele in nahezu allen privaten und beruflichen Situationen.

Sprachspiele sind z.T. gruppenabhängig, so daß es zuweilen zu Mißverständnissen kommt, z.B. wenn die Gesprächspartner »nicht in derselben Liga spielen«.

VORTEIL: Wahrung der persönlichen Entscheidungsfreiheit, Vermeiden peinlicher Gesprächssituationen;

NACHTEIL: Gefahr von Mißverständnissen, Verhinderung eines offenen Gespräches.

4. Suggestivfrage

Bei Suggestivfragen werden durch bestimmte Wortwahl mögliche Antwortalternativen ausgeschlossen, der Partner wird zu einer bestimmten (erwünschten) Antwort gedrängt.

z.B.:

»Sie wollen sicher auch einen Tee?«
»Können Sie **das** verantworten?«

Eine Sonderform der Suggestivfrage ist auch die sog. **Stimulierungsfrage**, bei der der Partner zu einer bestimmten Antwort »ermuntert« wird, indem er in seinem Selbstwertgefühl bestärkt wird.

z.B.:

»Sie als Fachmann ...«

»Können Sie uns aus Ihrer jahrelangen Erfahrung ...?«

VORTEIL: Provozieren erwünschter Stellungnahmen, Erleichterung der Antwort;

NACHTEIL: Zumeist manipulatives Eingreifen.

Im Zusammenhang mit den Fragetechniken sei noch auf eine Strategie hingewiesen, die vor allem in Verhandlungen häufig vorkommt: die sog. **Umwandlungsfrage**. Sie bietet eine wesentliche Hilfe, Gesprächsprozesse offen zu halten und eine frühzeitige Festlegung der Gesprächspartner zu verhindern. Dabei wird eine geäußerte Meinung, Stellungnahme etc. in **Frageform** wiederholt und evtl. an die anderen Gesprächsteilnehmer weitergegeben. z.B.: »Herr M. stellte in diesem Zusammenhang die Frage, ob . . .«; eigentlich hatte Herr M. aber nicht gefragt, sondern festgestellt: »Es ist so und so . . .«.

Folge:

Der Gesprächspartner hat i.d.R. nicht den Eindruck, blockiert worden zu sein. Er stimmt der erneuten Infragestellung seiner Meinung zu und bleibt weiterhin konstruktiv an der Beantwortung und d.h. häufig an der Modifizierung seiner ursprünglichen Meinung beteiligt.

Und die »**Rhetorische Frage**«?

Sie ist keine echte Frage, weil der Redner keine Antwort erwartet. Sie dient der Gliederung und der Aufmerksamkeitsweckung und ist ein allgemein bekanntes rhetorisches Stilmittel (s. Kap. 3.4, S. 141)

Doch nicht immer öffnen und vertiefen Fragen Gesprächsprozesse. Fragen können auch Gespräche blockieren. Dann sind andere Strategien erfolgversprechender, z.B. die der nondirektiven Gesprächsführung (vgl. das nächste Kapitel).

5.3
Non-direktives Gesprächsverhalten

Sehr häufig hängt ein befriedigendes Gesprächsergebnis davon ab, inwieweit es gelungen ist, dem Gesprächspartner zu ermöglichen, seine Meinungen, Gedanken, Pläne, Gefühle, Wünsche ausführlich zu äußern. Das kann in den unterschiedlichsten Gesprächen von der entscheidenden Bedeutung sein.

Für diese Gesprächsphasen hat sich eine Methode bewährt, die allgemein als sog. »non-direktive Gesprächsführung« bezeichnet wird.

Das Beherrschen non-direktiver Gesprächsführung ist eine Voraussetzung, Gespräche verantwortlich mitgestalten zu können.

Mit dem Begriff NON-DIREKTIVES GESPRÄCHSVERHALTEN wird ausgedrückt, daß einer der Gesprächspartner in bestimmten Gesprächsphasen eine Gesprächshaltung einnimmt, bei der er sich ganz auf die Äußerungen seines Partners konzentriert und sich in seinen eigenen Reaktionen und Gesprächsbeteiligungen bewußt zurückhält.

Durch non-direktives Gesprächsverhalten wird der Partner in die Lage versetzt, **seine** Ansichten und Meinungen, **seine** Widersprüche und Anliegen sowie die hinter seinen Vorstellungen und Gedanken stehenden Motive und Gefühle leichter zu artikulieren und sich so selbst seiner Vorstellungen und Absichten klarer zu werden.

Man könnte auch von einem »klärenden« oder »abklärenden« Gesprächsverhalten sprechen.
Non-direktives Gesprächsverhalten ist nicht – wie oft irrtümlich angenommen wird – beschränkt auf die Kommunikations-Situationen Interview und Beratungsgespräch. Ebenso wenig aber ist »non-direktiv« **die** Gesprächsmethode schlechthin, wie in mancher (vor allem psychologischer) Literatur stillschweigend unterstellt wird.

Insgesamt wird bis heute die Bedeutung non-direktiver Gesprächsführung für alltägliche (nicht-therapeutische) Situationen allgemein unterschätzt.

Non-direktives Gesprächsverhalten kann nämlich in bestimmten Teilen einer Diskussion ebenso wie in einer Besprechung, Konferenz, beim Einstellungsgespräch etc. angebracht – und u.U. durch keine andere Methode ersetzbar – sein.

Und zwar immer dann,

△ wenn der Gesprächspartner (Freund, Kollege, Klient, aber auch Vorgesetzter, Mitarbeiter, Untergebener etc.) zu erkennen gibt, daß er zu einem Problem bestimmte Vorstellungen entwickeln oder Gedanken äußern möchte;

△ wenn der Partner sich über bestimmte Vorschläge und Ansichten selbst offensichtlich noch nicht ganz klar ist und durch Verbalisierung zur Klarheit geführt werden soll;

△ wenn der Gesprächspartner sich nicht ohne weiteres traut, seine Vorstellungen ausführlich darzulegen, d.h. also um Gesprächsblockaden zu überwinden;

△ wenn die Äußerungen eines Gesprächspartners durch Gefühle und Emotionen bestimmt sind;

△ wenn man sich der Problemsicht seines Gesprächspartners nicht sicher ist, um Mißverständnisse zu vermeiden.

Aus diesen Anwendungsmöglichkeiten wird deutlich, daß non-direktives Gesprächsverhalten auch in sehr kurzen Gesprächs-phasen angezeigt sein kann und die Rolle des sich non-direktiv verhaltenden Gesprächspartners wechseln kann (Ausnahme: Interview und Beratungsgespräch, s.u.).

Allgemeine Grundsätze zum non-direktiven Gesprächs-verhalten

Förderlich in diesem Sinne sind alle Gesprächs-Beiträge und Reaktionen, die dem Gesprächspartner verdeutlichen,

△ daß seine Gedanken, Vorstellungen und Gefühle akzep-tiert und ohne Wertung und sofortige Beurteilung auf-genommen werden;

△ daß man selbst engagiert und konzentriert auf die von ihm gesetzten Gesprächs-Inhalte eingeht und

△ daß man davon ausgeht, daß er seine Probleme und Vorstellungen selbst am besten kennt und lösen kann.

Drei Verhaltensweisen prägen non-direktive Gesprächsmetho-dik:

1. ENGAGIERTES ZUHÖREN

Gemeint sind damit aktive Zeichen des konzentrierten und bejahenden, ganz auf den Partner eingehenden Zuhörens, wie eingeschobene »Ja«, »Hm«, »Aha«, aber auch Blickkon-takt, Kopfnicken etc.

Engagiertes Zuhören kann zusätzlich signalisiert werden durch Einschübe wie »Erzählen Sie mal«, »Schießen Sie los«, »Das müssen Sie uns mitteilen« etc.

Engagiertes Zuhören ist kein passiver Vorgang; deshalb fin-det sich häufig der Begriff »akives Zuhören«.

2. RÜCKMELDUNGEN DER PARTNERÄUSSERUNG (PARA-PHRASIEREN)

– oft auch »Widerspiegeln« genannt –

Darunter versteht man das teilweise und manchmal zusammenfassende Wiederholen von Partner-Äußerungen in eigenen Worten.

Dadurch wird dem Partner das Weitersprechen erleichtert; und Ablenkungen von dem für IHN Wesentlichen werden weitgehend vermieden.

Paraphrasen können ein Wort umfassen oder – im Sinne klärender Rekapitulation – ganze Abschnitte zusammenfassen. In diesem Fall ist die Gefahr der Interpretation sehr groß. Zusammenfassende Paraphrasen sind daher i.d.R. in Frageform zu fassen.

3. ANSPRECHEN DER BEZIEHUNGS- UND GEFÜHLSEBENE

In Ergänzung zur Paraphrase im engeren Sinn werden hier nicht nur die eigentlichen Aussagen des Partners rückgemeldet, sondern auch die deutlich gewordenen (und eben oft nicht ausgesprochenen) Probleme auf der Beziehungs- und Gefühlsebene. Hier ist übrigens die Gefahr der Interpretation besonders groß; deshalb empfiehlt sich in diesem Fall die Rückmeldung in Frageform (z.B.: »Hat es Sie geärgert, daß ...«), die dem Partner die evtl. notwendige Korrektur erleichtert.

Wichtig bei allen Stufen non-direktiven Gesprächsverhaltens ist der Wunsch, den Partner, sein Problem, seine Vorstellungen und Ansichten zu verstehen, **seine** Problemsicht zu akzeptieren.

Sieben typische und häufige Verhaltensweisen **hindern** den Gesprächspartner beim Aussprechen seiner Gedanken und Gefühle.

Zu vermeiden sind:

a) Bewertungen und Beurteilungen
(»Richtig«, »Nein, sehen Sie . . .« etc.)

b) Interpretationen
(»Mir scheint, Sie wollen hier auf etwas ganz anderes . . .«, »Was Sie da sagen, das sagt mir folgendes . . .« etc.)

c) Beschwichtigung, Abwiegelung, Beruhigung, Trost
(»Das mag zwar hin und wieder der Fall sein, aber . . .«, »Da sehen Sie aber wirklich zu schwarz . . .«, »Ihr Mißtrauen ist in diesem Fall wirklich unbegründet . . .« etc.)

d) Direkte Fragen
(»Wann«, »Wo«, »Wer z.B.«, »Belegen Sie das bitte« etc.)

e) Schnelle eigene Lösungsvorschläge, Antworten
(»Also das machen Sie jetzt am besten so . . .«, »Sie brauchen doch bloß . . .« etc.)

f) Verteidigung, Rechtfertigung, Entschuldigung
(»An mir liegt es bestimmt nicht, wenn Sie . . .«, »Ich wollte doch immer schon . . .«)

g) Angriff, Vorwurf
(»Sie hätten aber auch . . .«)

**Wer viel redet,
erfährt wenig.**

(Armenisches Sprichwort)

Arbeitsblatt XV
Zuhören

Die folgende Übung, auch KONTROLLIERTER DIALOG genannt, dient der Schulung aufmerksamen Zuhörens. Sie ist kein Modell für ein gutes Gespräch, sondern dient allein dem Training.

Sie führen diese Übung zu dritt durch, nennen wir die Teilnehmer A, B und C.

Zunächst beginnt A das Gespräch mit B.
Bevor B auf den ersten Beitrag von A antworten darf, muß er **sinngemäß** wiederholen, was A gesagt hat.
Um sicher zu gehen, daß der Sinn richtig verstanden wurde, muß A bestätigen (»richtig« oder »stimmt« etc.).
Wurde falsch verstanden, korrigiert A, und B muß den korrigierten Teil erneut wiederholen.

Erst nach der Bestätigung von A (»stimmt«) darf B antworten. Nun muß A zunächst wiederholen, was B gesagt hat und dessen Bestätigung abwarten, bevor er antworten darf etc..

C ist Beobachter und achtet auf die Einhaltung der Regeln.

Nach festgelegter Zeit (z.B. 5, 10 oder 15 Minuten) wechseln die Teilnehmer die Rollen:
Jetzt beobachtet B, und A spricht mit C;
schließlich sprechen B und C miteinander und A ist Beobachter.

Nach der dritten Runde unterhalten Sie sich über Ihre Erfahrungen in dieser Übung zum aufmerksamen Zuhören.

ZUR AUSWERTUNG DER ÜBUNG: KONTROLLIERTER DIALOG

Welche Arten von Problemen machen den kontrollierten Dialog so wichtig? (nach K. ANTONS)

Häufige Fehler auf der Seite des Sprechenden:

△ Organisiert seine Gedanken nicht, bevor er spricht.

△ Drückt sich ungenau oder mißverständlich aus.

△ Versucht, zuviel in einer Aussage unterzubringen, so daß die Verständlichkeit leidet. Wirksamkeit nimmt mit der Kürze zu (s.o., S. 89).

△ Bringt zu viele Ideen in seine Äußerungen ein, oft untereinander nicht verbunden, so daß eine Zusammenfassung für den Partner schwierig ist (s.o., S. 81ff).

△ Redet (z.B. aus Unsicherheit) immer weiter, ohne die Auffassungskapazität seines Partners abzuschätzen: Fehlende Resonanz bei langem Sprechen erhöht ein Bestätigungsbedürfnis, das wirkungslos bleiben muß.

△ Übersieht bestimmte Punkte der Antwort des vorausgegangenen Sprechers und antwortet daher nicht aktuell zu dem, was zuvor gesagt wurde: Das Gespräch kommt nicht vorwärts.

Häufige Fehler auf der Seite des Zuhörers:

△ Hat keine ungeteilte Aufmerksamkeit.

△ Denkt schon weiter und probt seine Antwort, statt aufmerksam zuzuhören, legt sie sich zurecht, während der Partner noch spricht. Erfolg: Er kann nicht vollständig wiederholen, vergißt, was gesagt ist und was er sagen will.

△ Neigt eher dazu, Details zu hören und sich Gedanken über sie zu machen, anstatt den ganzen Sinn und die wesentlichen Mitteilungen zu erfassen.

△ Denkt den Gedanken des Sprechenden schon weiter, wiederholt mehr, als der Partner gesagt hat.

△ Versucht, die Meinung seines Gesprächspartners mit der seinen in Übereinstimmung zu bringen.

Drei Partner beim
Kontrollierten Dialog

5.4
Partner-orientierte Gespräche

Bei allen bisherigen Überlegungen im Kapitel 5.1 wurde davon ausgegangen, daß im und durch das Gespräch Sachprobleme gelöst oder gemeinsame Entscheidungen gefunden werden.

Bei den partner-orientierten Gesprächen hingegen steht der **Gesprächspartner mit seinem Problem** im Mittelpunkt; oder ein uns gemeinsam betreffendes Problem (etwa auf der Beziehungsebene) muß gelöst werden.

Für diese Gesprächs-Situationen hat sich – für bestimmte Gesprächs**phasen** – das oben beschriebene non-direktive Gesprächsverhalten als besonders wertvoll erwiesen.

In der Gruppe partner-orientierter Gespräche nehmen Interview und Beratungsgespräch eine Sonderstellung ein.
In beiden Gesprächsformen ist die Verbalisierung nur des einen Gesprächspartners erwünscht, Wissen, Ansichten und Meinungen des anderen treten zurück.

5.4.1
Non-direktives Interview

Interview-Methoden sind angebracht, wenn Informationen und Meinungen erfragt werden sollen.

Wird nach FAKTEN gefragt, ist die Vorgehensweise des Interviewers zumeist direktiv, das Interview kann in vielen Fällen standardisiert sein, d.h. Fragen und Antwortmöglichkeiten sind weitgehend vorgegeben.

(Vgl. hierzu die Fragetechniken, Kapitel 5.2, S. 211ff)

Wird nach MEINUNGEN und EINSTELLUNGEN gefragt, bietet sich die non-direktive Interviewmethode an. Dabei kommt der Paraphrase (s. S. 222) die entscheidende Bedeutung zu.

Diese non-direktive Gesprächsführung geht zurück auf eine heute schon »klassisch« gewordene amerikanische betriebspsychologische Untersuchung aus den Jahren 1927-32, die sog. Hawthorne-Untersuchung. Im Verlauf der Untersuchungen wurde die Methode der Befragung kritisch analysiert und geändert. Ein non-direktives Vorgehen mit weit geringerer Standardisierung revolutionierte die Technik des Interviews.

In Interviewpausen werden sonst übliche direkte Fragen (Wer, Wann, Wo, Mit wem, Was, Warum, Wieso etc.) des Interviewers ersetzt durch die Rückmeldung der letzten Partneräußerung (en). Solche Interviews (auch freie Meinungsinterviews genannt) bieten optimale Voraussetzungen, Einstellungen und Meinungen des Interviewten zu erfahren.

Der Interviewer beschränkt hierbei seine Aktivitäten vornehmlich auf Zusammenfassungen und Wiederholungen (Paraphrasen), auf Einwürfe und nonverbales Verhalten, um den Interviewten zum Weitersprechen anzuregen. Direktiv greift er nur beim Abschweifen vom Thema ein.

**Man läßt sich gewöhnlich
lieber durch Gründe überzeugen,
die man selbst gefunden hat,
als durch solche,
die andern in den Sinn gekommen sind.**

(Pascal)

5.4.2
Beratungsgespräch

Für viele Beratungssituationen (bei weitem nicht für alle) hat sich non-direktives Verhalten als methodisches Vorgehen bewährt.

Beim non-direktiv geführten Beratungsgespräch geht man von dem Grundgedanken aus, daß der Ratsuchende (Klient) sein Problem selbst am besten kennt und daher auch selbst am ehesten in der Lage ist, die für ihn richtige Lösung des Problems zu erkennen, um seine Schwierigkeiten zu meistern.

Direkte Ratschläge haben oft nur eine kurze Wirkung, und es kann weit wichtiger sein, den Ratsuchenden durch das eigene Verhalten zu befähigen, seine Problemlösung zu finden.

Man weiß seit der antiken Rhetorik um die Zusammenhänge zwischen Sprechen und Denken/Problemlösen.

Non-direktive Beratung geht auf die Alltagserfahrung zurück, nach der durch das Sprechen über Probleme diese klarer erkannt und gelöst werden können.

Man vergleiche in diesem Zusammenhang einen Aufsatz von KLEIST »Über die allmähliche Verfertigung der Gedanken beim Reden«, in dem bereits viele Ansätze der Theorie ROGERS beschrieben werden.

Aufgabe des Beraters (Therapeuten etc.) ist es daher, durch eine akzeptierende und auf den Klienten zentrierte Haltung diesen zur Verbalisierung und damit Klärung seiner Gesamtsituation zu ermuntern. Beherrscht der Berater diese Gesprächsführung, ermöglicht er es dem Klienten, seine Gedanken und Gefühle ungehindert zu äußern und so allmählich zu einer, eben

»seiner« Lösung zu kommen. Das non-direktive Gespräch wurde so zum klassischen Modell des Beratungsgesprächs.

Für ein erfolgreiches Beratungsgespräch müssen verschiedene Voraussetzungen erfüllt sein:

1. Ernstnehmen und Akzeptieren des Ratsuchenden (Klienten)

z.B. akzeptieren, daß der andere anders denkt und fühlt als man selbst.

2. Ausschließliche Konzentration

△ auf den Klienten,

△ auf das, was er sagt,

△ auf das, wie er es sagt

3. Eigenes Engagement

△ in der Situation,

△ für die Probleme, die dem anderen wichtig sind.

4. Geduld

d.h. manchmal:

»sich Zeit nehmen«.

Ein Beratungsgespräch erfordert allerdings weit mehr als nur die Anwendung einer non-direktiven TECHNIK.

Der »Vater« dieser Art des Beratungsgespräches, der Amerikaner Carl Rogers, spricht von »Kongruenz/Echtheit«, »Wertschätzung/Akzeptanz« und »Empathie/einfühlendes Verstehen« als Grundvoraussetzungen beim Therapeuten.

Die hier gemachten Ausführungen sollen nur auf einige Grundgedanken des Beratungsgespräches aufmerksam machen; im übrigen sei auf die umfangreiche Literatur zum Beratungsgespräch verwiesen vor allem auf die Literatur von ROGERS, TAUSCH sowie die von MUCCHIELLI und DAHMER (vgl. Kapitel 7 und 8).

Arbeitsblatt XVI
Beratungsgespräch

Non-direktives Gesprächsverhalten, insbes. das Beratungsgespräch, ist nur im Rollenspiel (möglichst mit verschiedenen Partnern und wechselnder Rolle Berater/Klient) zu erlernen.

Als Vorlage für das Rollenspiel eignen sich neben frei erfundenen Situationen auch Vorlagen aus der Zeitung (etwa Prozeßberichterstattung u.ä.).

Nehmen Sie diese Rollenspiele auf Tonband oder Video auf und analysieren sie anschließend das Verhalten des Beraters u.a. nach folgenden Kriterien:

1. Konnte der Klient sein Problem verbalisieren und evtl. lösen?

2. Waren die Paraphrasen (Rückmeldungen) des Beraters auf Inhalt und Gefühl gerichtet?

3. Paraphrasierte der Berater mit **eigenen** Worten?

4. Widersprach der Klient den Paraphrasen des Beraters?

5. In welchem zeitlichen Vehältnis standen die Sprechzeiten Berater – Klient?

6. Welche non-verbalen Signale sandte der Berater?

7. Zeigte der Berater »Engagement«?

8. Waren die »Grundvoraussetzungen« erkennbar?

»Wer das Sagen hat, der braucht sich um das Reden keine
Gedanken zu machen . . .«

5.4.3
Kritikgespräch

Kritikgespräche sind häufig: im privaten Alltag ebenso wie im gesellschaftlichen und vor allem im beruflichen Bereich (als Mitarbeiter- und Beurteilungsgespräche).

Kritikgespräche haben das Ziel, das zu kritisierende Verhalten einer positiven Veränderung zuzuführen.

Um hierbei nicht vorschnell zu scheinbaren »Patentlösungen« zu gelangen, die entweder nicht realisierbar sind oder vom Partner nicht akzeptiert und umgesetzt werden, müssen bestimmte Phasen im Gesprächsverlauf beachtet werden, soll das Gesprächsziel erreicht werden. Eine etwa »von oben verordnete« Lösung, die nicht von allen Gesprächsbeteiligten mitgetragen wird, geht

– häufig an den Gründen und tieferliegenden Ursachen für das kritisierte Verhalten vorbei,
– stößt auf wenig Akzeptanz und
– bringt folglich auch keine dauerhafte Lösung.

Die sechs Phasen eines Kritikgesprächs:

1. **Exakte Darlegung der zu kritisierenden Fakten**
2. **Einigung über die Richtigkeit dieser Fakten**
3. **Gründe und Ursachen, die zu dem kritisierten Verhalten führten**
4. **Aufzeigen von Lösungsmöglichkeiten**

5. Diskussion und Einigung auf eine Lösung
6. Konkretisierung des weiteren Vorgehens

Zu Phase 1:

In Phase 1 werden dem Gesprächspartner die gegen ihn vorzubringenden Fakten möglichst exakt und eng umrissen dargelegt. Je genauer dies geschieht, umso leichter sind sie für den anderen aufzunehmen und zu verstehen. (Also nicht: »Sie haben des öfteren . . .« oder »Auch schon früher ist mir manchmal aufgefallen ...« etc.)
Die dargelegten Fakten müssen nachprüfbar und stichhaltig sein.

Zu Phase 2:

Über die in Phase 1 dargelegten Fakten muß nun zunächst im Gespräch völlige Übereinstimmung miteinander erzielt werden. Es darf über das, was wirklich vorgefallen ist, keine unterschiedlichen Ansichten geben. Die TATSACHEN müssen von allen Seiten akzeptiert werden.
Bleiben Zweifel oder Widersprüche bezüglich der Fakten, ist das Gespräch hier zu beenden und kann erst wieder neu aufgenommen werden, wenn diese Differenzen geklärt wurden.

Zu Phase 3:

Um eine im gemeinsamen Interesse liegende Lösung des Problems zu erreichen, ist es notwendig, die Gründe und Ursachen, die zu dem kritisierten Verhalten geführt haben, im Gespräch zu klären.
Dies ist die schwierigste Gesprächsphase. Sie kann nur durch ein situationsangemessenes Gesprächsverhalten erreicht werden. Dazu gehört der Wechsel von direkten Fragen (vgl. S. 211 – 218) mit non-direkten Gesprächsverhalten (s. S. 119 – 223).
Erst bei Klärung der zugrundeliegenden Ursachen können adäquate Lösungsmöglichkeiten gefunden werden.

Zu Phase 4:
Im gemeinsamen Gespräch werden nun Lösungsmöglichkeiten erarbeitet, die das anstehende Problem lösen oder zumindest die aufgetretenen Schwierigkeiten mildern könnten.
Wichtig: in dieser Phase werden verschiedene Lösungsmöglichkeiten aufgewiesen, sie werden noch nicht hinsichtlich ihrer Praktikabilität oder ihrer gemeinsamen Akzeptanz diskutiert.

Zu Phase 5:
Diese Diskussion geschieht in Phase 5. Hier wird **gemeinsam** im Gespräch nach der Lösung gesucht, die erfolgversprechend ist und von allen Seiten akzeptiert werden kann. Das gemeinsame Abwägen und Festlegen ist notwendig, um die Problemsicht des anderen mit einzubeziehen und so letztlich eine größere Akzeptanz zu erreichen.

Zu Phase 6:
Häufig werden Gespräche mit Phase 5 beendet.
Es sollte jedoch immer noch eine abschließende Phase folgen, in der die getroffenen Vereinbarungen noch einmal konkretisiert werden. Die Festlegung, was wann in welcher Form zu geschehen hat, wer was wann (anders) macht, bildet den Abschluß des Gespräches; nur dann ist die gefundene Lösung für alle Gesprächspartner bindend, so daß auch konkrete Schritte zur positiven Veränderung folgen können.

Zum Gesprächsverhalten in Kritikgesprächen vergleiche die »10 Regeln für richtiges Feedback« (S. 241f.).

**Ein durchgegangenes Pferd
kann man wieder einfangen;
ein einmal ausgesprochenes Wort nicht.**

(Arab. Sprichwort)

5.4.4
Feedback

Feedback bedeutet Rückmeldung; im rhetorischen Kontext bezeichnet man mit Feedback die nonverbalen und verbalen Mitteilungen einer Person, die einer anderen Person sagt, wie ihr Verhalten wirkt, welchen Eindruck sie auf sie macht etc.
In der Alltagskommunikation gehören Geben und Empfangen
von Feedback zu den häufigsten Kommunikationsarten. Feedback ist die beste Möglichkeit, soziales Verhalten zu erkennen und
– falls gewünscht – ändern zu können.
Für Situationen, in denen sich das Feedback auf störendes Verhalten im interpersonellen Bereich bezieht, sind die folgenden 10 Regeln von besonderer Bedeutung.

10 ALLGEMEINE REGELN FÜR RICHTIGES FEEDBACK

1. Wahrnehmungen sollen als Wahrnehmungen, Vermutungen als Vermutungen und Gefühle als Gefühle mitgeteilt
   werden.

2. Feedback soll so konkret wie möglich und ausreichend ausführlich sein. Feedback soll den Dialog zwischen Partnern
   eröffnen; stichwortartig Hingeworfenes eröffnet keinen
   Kommunikationsprozeß, sondern beendet ihn oft.

3. Feedback bezieht sich auf ein ganz konkretes Verhalten in

einer ganz bestimmten Situation. Je konkreter Feedback ist, um so weniger unterliegt es der Gefahr der Wertung.

4. Feedback soll den Partner nicht analysieren. Man versuche nicht zu psychologisieren. Man sage, was man bemerkt, fühlt, sieht und hört.

5. Feedback sollte nur so viel beinhalten, wie der Partner in der konkreten Situation auch aufnehmen kann.

6. Man gebe nur dann Feedback, wenn der andere auch innerlich bereit ist, Feedback anzunehmen und wenn die äußere Situation es zuläßt.

7. Feedback soll in seiner Form umkehrbar sein, d.h. auch bei nicht gleichberechtigten Partnern sollte der andere in der gleichen Weise antworten können.

8. Wer Feedback annimmt, höre zunächst nur ruhig zu. Feedback ist kein Angriff – es besteht daher auch kein Grund, sich oder seine Verhaltensweise zu verteidigen.

9. Feedback heißt zunächst nur, dem anderen Informationen zu geben – und nicht, ihn zu verändern.

10. Feedback ist nicht gleich Kritik. Es umfaßt daher – auch gerade – positive Wahrnehmungen und Gefühle.

Es wird nicht immer möglich sein, alle hier aufgeführten Regeln zu beachten. Dennoch sollten sie Orientierungspunkte sein, an denen Sie sich ausrichten können. Die Einhaltung der Regeln gewährleistet, daß Ihre Mitteilung von Ihren Sozialpartnern aufgenommen und verstanden werden kann.

5.5
T Z I
THEMENZENTRIERTE INTERAKTIONELLE METHODE
(nach Ruth COHN)

R. COHN geht bei ihren Kommunikationsregeln davon aus, daß auch bei sog. **sach-orientierten Gesprächen** neben dem Thema (also der zu besprechenden Sache) Bedürfnisse des einzelnen Gesprächsteilnehmers und die Beziehungen der Teilnehmer untereinander von entscheidender Bedeutung sind.
Gerade aber diese beiden letzten Ebenen werden in Gesprächen oft zu wenig oder gar nicht beachtet.
Nach R. COHN enthält **jede** Interaktion drei Faktoren, »die man sich bildlich als Eckpunkte eines Dreiecks vorstellen könnte:

1. das **Ich**, die Persönlichkeit;

2. das **Wir**, die Gruppe;

3. das **Es**, das Thema.

Dieses Dreieck ist eingebettet in eine Kugel, die die Umgebung darstellt«, in der die Interaktionspartner stehen. Die Umgebung wird definiert durch Zeit und Ort, einschließlich der historischen und sozialen Gegebenheiten.

In der TZI wird versucht, eine **dynamische Balance** herzustellen zwischen diesen drei wichtigen Komponenten eines jeden Gesprächsprozesses:

a) der Sachebene
  (Es geht um die Bedürfnisse des Themas)

b) der Motivebene
  (Es geht um die Bedürfnisse des einzelnen)

c) der Beziehungsebene
  (Es geht um die Bedürfnisse der Gruppe).

Anders ausgedrückt: in der TZI wird versucht, den drei Endpunkten ES – ICH – WIR gerecht zu werden.

Um das zu erreichen, müssen 2 Grundsätze, sog. »Kommunikationspostulate«, erfüllt werden, die durch acht sog. »Hilfsregeln« unterstützt werden.

KOMMUNIKATIONSPOSTULATE DER TZI

I. Jeder ist für sich selbst verantwortlich.
Kein Abschieben von Unzufriedenheit etwa auf den Gesprächsleiter oder auf andere Teilnehmer.
Jeder entscheidet für sich allein, wann er spricht – und wann nicht – und was er sagt.

II. Kommunikationsstörungen haben Vorrang.
Jeder beachte die Hindernisse, die sich ihm, den anderen oder der Diskussion des Themas entgegenstellen.
Man nehme sich Zeit, Störungen auszudiskutieren, die Sachdiskussion geht dann schneller.

8 HILFSREGELN
unterstützen diese beiden Grundsätze:

1. Vertreten Sie sich selbst in Ihren Aussagen; sprechen Sie per »Ich« und nicht per »Wir« oder per »Man«.
Haben Sie Mut zum Engagement. Suggerieren Sie nicht einen Konsens, der nicht da ist. Sprechen Sie nicht für andere, verlagern Sie nicht Ihre Wünsche und Bedürfnisse in andere Teilnehmer.

2. Wenn Sie eine Frage stellen, sagen Sie, warum Sie fragen und was die Frage für Sie bedeutet. Vermeiden Sie das Interview.
Ersetzen Sie pseudo-objektive Fragen durch persönliche Aussagen. Fragen, die kein Verlangen nach Information ausdrücken, sind unecht. Wenn Teilnehmer Aussagen machen – anstelle von Fragen – inspirieren sie zu weiteren Interaktionen.

3. Seien Sie authentisch und selektiv in Ihrer Kommunikation. Machen Sie sich bewußt, was Sie denken

und fühlen, und wählen Sie aus, was Sie sagen und tun.

Wer nur sagt und tut, weil er soll, dessen Handlungen fehlt die eigene bewährte Überprüfung, und er handelt nicht eigenständig. – Wer alles ungefiltert sagt, beachtet weder seine noch des anderen Vertrauensbereitschaft und Verständnisfähigkeit. –

Wer lügt oder manipuliert, verhindert Annäherung und Kooperation. – Nur wer selektiv und authentisch (selective authenticity) ist, ermöglicht Vertrauen und Verständnis. Wenn Vertrauen geschaffen ist, wird Filterung immer mehr überflüssig. Erst dann wird Kooperation einfacher, produktiver und froher.

4. **Achten Sie auf Ihre Körpersprache und beachten Sie Signale dieser Art bei den anderen Teilnehmern.**
Diese Regel ist ein Gegengewicht gegen die kulturell bedingte Vernachlässigung unserer Körper- und Gefühlswahrnehmungen. In jeder Interaktion kommt dem nonverbalen Aspekt erhebliche Bedeutung zu.

5. **Vermeiden Sie Verallgemeinerungen.**
Verallgemeinerungen haben die Eigenart, den Gruppenprozeß zu unterbrechen. Sie sind nur am Platz, wenn ein Thema ausreichend diskutiert wurde und der Wechsel des Gegenstandes angezeigt ist (z.B. als Hilfe, dynamische Balance herzustellen oder zu einem anderen Thema überzuleiten).

6. **Wenn Sie etwas über das Benehmen oder die Charakteristik eines anderen Teilnehmers aussagen, sagen Sie auch, was es Ihnen bedeutet, daß er so ist, wie er ist (d.h. wie Sie ihn sehen).**
Man kann nur seine eigene Ansicht über den anderen aus-

sprechen, nicht aber mit dem Anspruch auf Allgemeingültigkeit.

»Feedback« und »Interview« können Geheimwaffen für Ablenkungsmanöver und für Angriffe sein. Wenn der Sprecher hinzufügt, was ihm sein Feedback oder seine Fragen bedeuten, werden echte Dialoge begünstigt.

7. Seitengespräche haben Vorrang. Sie können als Störung in die Diskussion eingebracht werden (»Vielleicht wollt ihr uns erzählen, was ihr miteinander sprecht?«).

Es ist wichtig, daß diese Regel als eine Aufforderung erlebt wird und nicht als Zwang. Die Angesprochenen werden aufgefordert und nicht erpreßt. Wenn ein Gesprächsteilnehmer Aussagen an seinen Nachbarn richtet, kann es sein, daß er etwas sagen will, was ihm wichtig ist, aber er scheut sich, es zu tun; oder er kommt nicht gegen schnellere Sprecher an. Er kann auch aus dem Gesprächsprozeß herausfallen und versucht nun, auf diesem Weg wieder hineinzukommen.

8. Wenn mehrere gleichzeitig sprechen wollen, muß vor der weiteren Behandlung des Sachthemas eine Einigung über den weiteren Gesprächsverlauf hergestellt werden.

Niemand kann mehr als einer Äußerung zur gleichen Zeit zuhören. Um sich auf verbale Interaktionen konzentrieren zu können, müssen sie nacheinander erfolgen. Manchmal können auch nichtverbale Kommunikationen wie Gesten, Paarbildungen usw. ebenso ablenkend sein wie verbale Äußerungen; sie werden deshalb am besten auch aufgegriffen und in das Gespräch eingebracht.

R. COHN weist darauf hin, daß diese Regeln Hilfestellungen sind, die erfahrungsgemäß in miteinanderarbeitenden oder zusammenlebenden Gruppen zumindest nützlich sind.

»Sie sind jedoch keine absoluten Größen. Ihre Verabsolutierung ist Mißbrauch und dient dem Geist, den sie bekämpfen möchten.«

Hinterfragen Sie deshalb die einzelnen TZI-Regeln:

△ In welchen Gesprächssituationen Ihres Alltags kommuniziert man nach diesen Regeln?

△ Für welche Situationen halten Sie es angebracht, die TZI-Regeln zu befolgen?

△ Kennen Sie Situationen, in denen einzelne TZI-Regeln gerade nicht angewendet werden sollten?

△ Beschreiben Sie drei typische Kommunikations-Situationen und hinterfragen Sie für jede dieser Situationen neu die einzelnen Regeln.

5.6
Kommunikationsstile

Wenn jemand spricht, nimmt er oft ein ganz bestimmtes Rollenverhalten an. Dabei nähert er sich einmal mehr dem einen, mal dem anderen der unten beschriebenen Kommunikationsstile.

Bei manchen Menschen allerdings hat sich eine dieser Rollen verfestigt, er kommuniziert vorwiegend in einer ganz bestimmten Weise, bei ihm dominiert ein Kommunikationsstil. Oft spielt man auch nur in bestimmten Situationen eine ganz bestimmte Rolle.

Immer wenn einer der folgenden sieben ersten Kommunikationsstile dominiert, besteht die Gefahr, sich nicht mit anderen zu verständigen, sich zu zerstreiten, keine Einigung zu erzielen, aneinander vorbeizureden.

Das Wissen um diese Kommunikationsstile kann beitragen, bei sich selbst die Dominanz einer der negativen Stile zu unterdrücken, aber auch, diese bei anderen zu erkennen und dem Kommunikationspartner durch richtiges Feedback zu helfen, sich von der Fixierung auf einen Stil zu lösen.

Die folgenden acht Kommunikationsstile lassen sich häufig beobachten. Sie treten oft in Kombination miteinander auf.

Die ersten sieben Stile sollen negatives, der achte positives Kommunikationsverhalten charakterisieren.

1. Der PSEUDO-OBJEKTIV-NÜCHTERNE

Es weiß alles genau, versucht, alles »logisch« und »rational« zu betrachten. Statt: »Ich möchte gerne . . .«, sagt er: »Es ist besser . . .« Er weiß immer ganz genau, wie etwas ist – und warum.

Gefühle drückt er meist indirekt aus, die eigene Meinung wird ausschließlich objektiv begründet. Statt: »Es stört mich, wenn . . .«, sagt er: »Man sollte besser . . .«

2. Der BELEIDIGT-BETROFFENE

Er bezieht Bedenken und Äußerungen anderer zumeist auf sich selbst. Er hat das Gefühl, alle wollten etwas von ihm. Er begibt sich ohne Grund in die Defensive, er wehrt sich (oft unnötig) mit Formulierungen wie »Ausgerechnet ich . . .« oder »Also meine Schuld war es aber nicht . . .«

3. Der WÜNSCHE-VERLAGERNDE

Er hat seine eigene Meinung und seine eigenen Interessen, aber er bekennt sich nicht zu ihnen. Lieber schiebt er sie anderen unter. Statt: »Ich würde jetzt gern einen Kaffee trinken gehen!«, sagt er: »Ich glaube, ein Kaffee täte Euch jetzt gut!«

4. Der AGGRESSIV-ANKLAGENDE

Er stellt stets eine Verbindung her zwischen sachlichen Fragen und persönlichen Dingen. Er bringt bei Entscheidungen, die hier und heute gefällt werden sollten, früheres Verhalten ins Spiel, greift an. Etwa: »Ach Du, Du hast doch schon immer . . .« oder wenn er anderer Meinung ist, beginnt er meist schroff mit Widerspruch: »Nein, das sehe ich gerade umgekehrt . . .« etc.

5. Der AUSWEICHENDE

Er versucht, Streitpunkten und Entscheidungen dadurch auszuweichen, daß er Nebensächlichkeiten oder völlig anderes in die Debatte wirft oder indem er Fragen und Gegenfragen stellt. Wird er direkt angesprochen, wendet er sich mit anderen Problemen fragend an die Gesprächspartner. Z.B. »Da fällt mir gerade ein . . .«, »In diesem Zusammenhang haben wir eigentlich . . .« oder »Was ich noch sagen wollte . . .« etc.

6. Der WIDERSPRUCHSLOSE

Ihm ist scheinbar alles recht. Er widerspricht nicht, macht keine eigenen Vorschläge, stimmt auch Widersprüchlichem zu. Erst hinterher kommt sein »Nein« oder sein verständnisloses »Was?«.

7. Der INDIREKTE

Er sagt selten direkt, was er meint oder möchte. Er wählt »Umwege«, die seine Gesprächspartner manchmal richtig verstehen, manchmal aber auch nicht. Z.B.: Statt »Mir ist kalt, darf ich das Fenster schließen.« könnte er etwa sagen: »Draußen wird es am Abend schon ganz schön kühl.« Der »Indirekte« verursacht die meisten Mißverständnisse.

8. Der EMOTIONAL-DIREKTE

Er sagt, was er meint. Er teilt mit, was er fühlt. Stört ihn etwas, sagt er, daß es ihn stört. Hat er Interesse an einer Sache, sagt er, daß er Interesse hat. Wenn er glaubt, es sei nicht gut, etwas zu sagen, dann sagt er es nicht.

ROLLENVERHALTEN, VORURTEILE, ROLLENKLISCHEES BESTIMMEN OFT AUCH UNSERE ART, MITEINANDER ZU REDEN ODER NICHT ZU REDEN.

5.7
Gesprächs-Analyse

5.7.1
Fragen zur Gesprächsbeobachtung

I. 1. Unter welchen äußeren Bedingungen findet das Gespräch statt?

2. Zu welcher Gesprächsgattung gehört das Gespräch?

3. Läßt sich (von der Intention der Teilnehmer her) ein Gesprächsziel formulieren?

4. Ist der Gesprächsablauf strukturiert/nicht strukturiert?

5. In welchem Verhältnis stehen direktive und non-direktive Gesprächsphasen?

6. Gibt es einen offiziellen Gesprächsleiter?

II. (falls es einen Gesprächsleiter gibt)

1. Wie wird das Gespräch eröffnet?

2. Strukturiert der Gesprächsleiter den Gesprächsablauf?

3. Gibt es sinnvolle und von allen Gesprächsteilnehmern akzeptierte Zusammenfassungen?

4. Nützt der Gesprächsleiter seine Stellung aus?

5. Wie läßt sich das Verhalten des Gesprächsleiters insgesamt beschreiben und charakterisieren?

III. 1. Was drücken die nonverbalen Zeichen der Gesprächsteilnehmer aus?

2. Hören die Teilnehmer einander zu?

3. Fallen sich die Teilnehmer gegenseitig ins Wort, oder kann jeder aussprechen?

4. Dominieren einige Teilnehmer auf Kosten anderer?

5. Kann jeder Teilnehmer seine Meinung äußern?

6. Auf welcher Ebene wird argumentiert?

7. Zeigten manche Teilnehmer einen bestimmten, das Gespräch behindernden Kommunikationsstil?

5.7.2
Interaktions-Soziogramme

Die von uns entwickelten INTERAKTIONS-SOZIOGRAMME ermöglichen eine quantifizierende Methode der Gesprächbeobachtung, die Aufschlüsse über das verbale Interaktions-Verhalten von Gesprächsteilnehmern geben und innere Gesprächsstrukturen erkennbar werden lassen.

ERLÄUTERUNGEN

Soziogramm I:
Jede verbale Äußerung wird durch einen Strich markiert, wobei aus der Richtung des Striches erkennbar ist, an wen sich die Äußerung wendet. Wird mehrmals dieselbe Person angesprochen, wird das auf dem jeweiligen Strich vermerkt.
Z.B.:

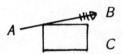

A wendet sich dreimal an B.

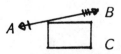

A wendet sich dreimal an B, B einmal an A.

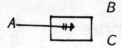

A wendet sich zweimal an alle (Symbol Tisch).

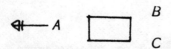

A spricht niemand an, spricht in sich hinein, nach »außen«.

Soziogramm II:

Im zweiten Soziogramm werden zustimmende Äußerungen durch einen Strich, Widersprüche durch einen unterbrochenen Strich gekennzeichnet. Im übrigen gelten die Erläuterungen zum ersten Soziogramm sinngemäß.

Z.B.:

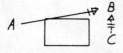

A stimmt B einmal zu,
C widerspricht B zweimal

INTERAKTIONS-SOZIOGRAMM I

FRAGESTELLUNG: **Wer spricht wie oft zu wem – und wird wie oft von wem angesprochen?**

Ein solches handgeschriebenes Soziogramm könnte z.B. so aussehen:

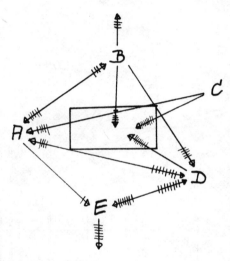

	A	B	C	D	E	An alle	Nach »aussen«	Σ Aktiv
A	–	3	0	8	1	0	0	12
B	5	–	0	5	0	4	3	17
C	5	0	–	0	0	8	0	13
D	4	0	0	–	7	8	0	19
E	0	0	0	8	–	0	6	14
Σ Passiv	14	3	0	21	8	20	9	75

FRAGESTELLUNG: **Wer widerspricht bzw. stimmt wem wie oft zu – und wem wird wie oft von wem widersprochen bzw. zugestimmt?**

Ein solches handgeschriebenes Soziogramm könnte z.B. so aussehen:

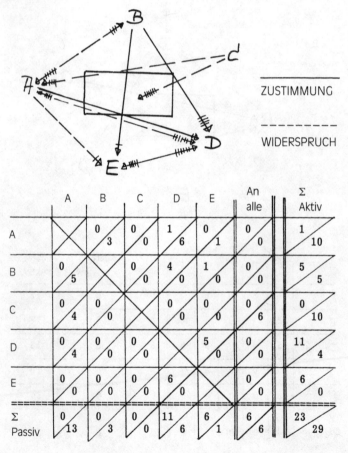

ZUSTIMMUNG

WIDERSPRUCH

	A	B	C	D	E	An alle	Σ Aktiv
A		0 / 3	0 / 0	1 / 6	0 / 1	0 / 0	1 / 10
B	0 / 5		0 / 0	4 / 0	1 / 0	0 / 0	5 / 5
C	0 / 4	0 / 0		0 / 0	0 / 0	0 / 6	0 / 10
D	0 / 4	0 / 0	0 / 0		5 / 0	0 / 0	11 / 4
E	0 / 0	0 / 0	0 / 0	6 / 0		0 / 0	6 / 0
Σ Passiv	0 / 13	0 / 3	0 / 0	11 / 6	6 / 1	6 / 6	23 / 29

Arbeitsblatt XVIII
Interaktions-Soziogramm

Interpretieren Sie die beiden Beispiel-Soziogramme so, als hätte es sich um die Beobachtung desselben Gesprächs gehandelt.

Was kann aus den beiden Interaktions-Soziogrammen abgelesen werden

△ in bezug auf die einzelnen Teilnehmer,

△ über die Gesprächstruktur?

6
Weiterbildung
nach dem Rhetorik-Seminar

Dieses Buch wurde als Begleitmaterial für Seminare zur angewandten Rhetorik konzipiert.

Selten wird man in Seminaren auf **alle** Probleme eingehen
können. Dieses Buch kann Ihnen helfen, Ihr Rede- und Gesprächsverhalten über den Seminarbesuch hinaus weiter zu
verbessern.

Dazu dienen auch die Arbeitsblätter, die im Seminar selbst nicht
eingesetzt wurden; sie bieten die Möglichkeit der Weiterbe-
schäftigung mit Problemen der Rhetorik.

Vor allem die fortwährende Beobachtung rhetorischen Verhaltens und rhetorischer Prozesse verbessert die Eigenkontrolle und Steuerung des eigenen Verhaltens. Die Arbeit mit den
Beobachtungsbögen sollte daher nach dem Seminar nicht
beendet sein.

Auch die folgenden Literaturhinweise können die bisher ge-
wonnenen Erkenntnisse vertiefen und bei speziellen Fragen
weiterhelfen.

**Doch Sprechen und Reden lernt man nicht durch Lesen.
Hier helfen nur intensives Training und der Besuch
qualifizierter Seminare.**

Zudem ist es recht schwierig, das eigene Verhalten gerade im Kommunikationsprozeß richtig einzuschätzen. Stimmgebung und Aussprache, aber auch die eigene Wortwahl etc. sind so »vertraut«, daß man auf die gemeinsame Arbeit mit anderen und das Gespräch mit einem Trainer angewiesen ist.

Nahezu alle Persönlichkeiten des öffentlichen Lebens – in Politik wie Wirtschaft – ziehen beim Schreiben ihrer Rede Fachleute zu Rate (sog. »Ghostwrighter«). Aber auch, wer nur gelegentlich eine wichtige Ansprache oder Rede halten muß (sei es privat oder beruflich), kann fachliche Hilfe in Anspruch nehmen und den Text seiner Ansprache, seines Referats oder seiner Rede von Fachleuten erarbeiten lassen.

Nähere Auskünfte: DIAR, Postfach 11 02 06
8400 Regensburg 11.

Bei dem Wunsch nach Information über qualifizierte Seminare und Trainer wenden Sie sich bitte an das

IRK REGENSBURG
Institut für Rhetorik
und Kommunikation

Neupfarrplatz 15
8400 Regensburg
Tel.: (09402) 63 10

STATT EINES NACHWORTES

Wir wünschen Ihnen, daß Sie nach Seminar und Lektüre . . .

. . . in allen Rede- und Gesprächssituationen fest im Sattel sitzen, . . .

. . . in Diskussionen die Zügel fest in der
Hand behalten, . . .

. . . damit Sie auch schwierige Verhandlungs-
hürden leichter nehmen; . . .

... und wenn Sie bei Ihrer Argumentation
das Pferd nicht von hinten aufzäumen, ...

... und auch im hitzigen Gespräch
der Gaul nicht mit Ihnen durchgeht ...

... dann wird Sie so leicht kein Gesprächspartner mehr aus dem Sattel heben ...

... damit Reden und Diskutieren
auch Ihr Steckenpferd wird!

**Wer nicht zu schweigen weiß,
der weiß auch nicht zu reden.**

(Seneca)

7
LITERATUR
ZUM WEITERSTUDIUM

ARGYLE, M.: Körpersprache und Kommunikation. Paderborn 1979

BIRKENBIHL, V. F.: Kommunikationstraining. Zwischenmenschliche Beziehungen erfolgreich gestalten (Goldmann Ratgeber 10559). München 1982

BIRKENBIHL, V. F.: Signale des Körpers. Landsberg/Lech 1986

BIRKENBIHL, V. F.: Psycho-logisch richtig verhandeln. Professionelle Verhandlungstechniken mit Experimenten und Übungen. Landsberg/Lech 1986

DAHMER, H./DAHMER, J.: Gesprächsführung. Eine praktische Anleitung. Stuttgart 1982

GOOSENS, F.: Konferenz- und Verhandlungstechniken (Heyne Kompaktwissen 105). München 1981

GORDON, Th.: Managerkonferenz. Effektives Führungstraining. Hamburg 1979

GREIF, S.: Diskussionstraining. Theoretische Einführung. Praktische Übungen. Salzburg 1976

HAFT, F.: Juristische Rhetorik. Freiburg/München 1978

HUBER, G. K. M.: Streß und Konflikte bewältigen. Ein psychologisches Recreationstraining für Führungskräfte (mi-Paperbacks). Landsberg/Lech 1983

KLEBER, M.: Gesprächsführung. Informieren, Diskutieren, Beschließen. Opladen 1977

LANGER, I./SCHULZ v. THUN, F./TAUSCH, R.: Sich verständlich ausdrücken. München 1981

LAY, R.: Manipulation durch Sprache. Dialektik, Rhetorik, Forensik. (rororo-Taschenbuch 7341). Reinbek 1980

LEMMERMANN, H.: Lehrbuch der Rhetorik. Redetraining und Übungen. München 1986

LEMMERMANN, H.: Schule der Debatte. Beiträge zur dialogischen Rhetorik. München 1986

MEIER, H.: Zur Geschäftsordnung (mi-Taschenbuch 424). München 1978

MUCCHIELLI, R.: Das nicht-direktive Beratungsgespräch. Theoretische Einführung. Praktische Übungen. Salzburg o.J.

MUCCHIELLI, R.: Das Leiten von Zusammenkünften. Salzburg 1972

NEUBERGER, O.: Das Mitarbeitergespräch. Persönlicher Informationsaustausch im Betrieb. Lernpsychologisch aufbereitet. Goch 1980

NEUBERGER, O.: Miteinander arbeiten, miteinander reden. Vom Gespräch in unserer Arbeitswelt. Hrsg. vom Bayer. Staatsministerium für Arbeit und Sozialordnung. München 1981

SCHULZ von THUN, F.: Miteinander reden. Störungen und Klärungen. Psychologie der zwischenmenschlichen Kommunikation (rororo-Sachbuch 7489) Reinbek 1981

SCHWEINSBERG-REICHART, I.: Die Versammlung. Heidelberg 1974

TEIGELER, P.: Verständlich sprechen, schreiben, informieren. Bad Honnef 1982

VÖLZING, P. L.: Begründen, Erklären, Argumentieren (UTB Nr. 886) Heidelberg 1979

ZEHETMEIER, W.: Richtig sprechen. Atem – Stimme – Aussprache Lehr- und Übungsbuch zur deutschen Hochlautung. Percha 1986

8
ZITIERTE UND VERTIEFENDE FACHLITERATUR

ALEXY, R.: Theorie der juristischen Argumentation. Frankfurt/M. 1978

ALLHOFF, D.-W.: Sprechangst. Psychophysische Grundlagen und Modelle zur Reduktion. In: ALLHOF, D.-W. (Hrsg.): Mündliche Kommunikation: Störungen und Therapie. Frankfurt 1983

ALLHOFF, D.-W. (Hrsg.): Sprechpädagogik – Sprechtherapie. Frankfurt/M. 1983

ALLHOFF, D.-W.: Beobachtungs- und Verhaltenstraining zur nonverbalen Kommunikation: In: BERTHOLD, S./NAUMANN, C.-L.: Mündliche Kommunikation im 5.-10. Schuljahr. Bad Heilbrunn 1984

ALLHOFF, D.-W.: Verständlichkeit gesprochener Sprache. Zum Stand der Forschung. In: Zs. sprechen, II/1984

ALLHOFF, D.-W.: Zum Umgang mit Sprechangst in Rhetorik-Seminaren. In: LOTZMANN, G. (Hrsg.): Sprechangst in ihrer Beziehung zu Kommunikationsstörungen. Berlin 1986

ALLHOFF, D.-W.: Non-direktives Gesprächsverhalten (ndGV) in Prozessen Rhetorischer Kommunikation. In: ALLHOFF, D.-W. (Hrsg.) sprechen lehren – reden lernen. München 1987

ALLHOFF, D.-W./ALLHOFF, W.: Zur Frauenfeindlichkeit in mündlicher und schriftlicher Kommunikation. In: Zs. sprechen, II/1983

ALLHOFF, D.-W./BERNER, W.: Ursachen und Ausmaß von Sprechangst. In: Zs. sprechen, I/1983

ALTMANN, H. Chr.: Überzeugungskraft durch sichere Rede-, Verhandlungs- und Konferenztechnik. Kissing 1979

ANTONS, K.: Praxis der Gruppendynamik. Göttingen 1976

ARGYLE, M./HENDERSON, M.: Die Anatomie menschlicher Beziehungen. Regeln und Fertigkeiten im Umgang mit anderen. Paderborn 1986

ARISTOTELES: Rhetorik (UTB 159). München 1980

BALLSTAEDT, S. P. u.a.: Texte verstehen, Texte gestalten. München 1981

BARTSCH, E.: Sprechsprachliche Gestaltungshilfen in einem Kurs: »Rhetorik im Umgang mit Rundfunk, Presse und Fernsehen«. Unveröffentlichtes Manuskript. 1985

BAXTER, J. C./WINTER, E. P./HAMMER, R. E.: Gestural behavior. In: J. of Personality and Social Ps. 8, 1968

BERNER, W.: Redeangst-Abbau: Anforderungen an den Trainer. In: Zs. sprechen, II/85

BERTHOLD, S.: Methoden der Anleitung zum verständlichen Reden. In: Praxis Deutsch 33, 1979

BERTHOLD, S.: Wie erkennt man, daß eine mündliche Erlebnisschilderung erlogen ist? In: Zs. sprechen, I/85

BIRDWHISTELL, R. L.: Kinesics and context. Philadelphia 1970

CICERO, M. T.: De oratore. Über den Redner (RUB 6884). Stuttgart 1976

COHN, R.: Von der Psychoanalyse zur themenzentrierten Interaktion. Stuttgart 1983

COOK, M.: Experiments on orientation and proxemics. In: Human Relations 23, 1970

DRACH, E.: Redner und Rede. Berlin 1932

EIBL-EIBESFELD, J.: Liebe und Haß. Zur Naturgeschichte elementarer Verhaltensweisen. München 1970

EKMAN, P./FRIESEN, W. V.: Unmasking the face. Englewood, N.Y. 1975

FITTKAU, B./MÜLLER-WOLF, H.-M./SCHULZ von THUN, F.: Kommunizieren lernen (und umlernen). Trainingskonzeptionen und Erfahrungen. Braunschweig 1984

FITZNER, Th.: Expressives nichtverbales Lehrerverhalten. Frankfurt/M. u.a. 1984

GEISSNER, H.: Rhetorik. München 1973

GEISSNER, H.: Sprechwissenschaft. Königstein/Ts. 1981

GROEBEN, N.: Die Verständlichkeit von Unterrichtstexten. Münster 1978

GROEBEN, N./GÜNTHER, U.: Abstraktheitsuffix – Verfahren. In: Zs. f. exp. und angewandte Ps., 25, 1978, S. 55 – 74

HALL, E. T.: Proxemics. In: Current Methodology 9, 1968

HASELOFF, O. W.: Sprache, Motivation und Argumentation. Vortrag, gehalten auf dem 5. Berliner Emnid-Colloquium am 27./28. 10. 66; auszugsweise abgedruckt in: TEIGELER, P.: Verständlichkeit von Sprache und Text. Stuttgart 1968

JACOBSON, E.: Progressive Relaxion. Chicago 1968

KLECK, R. E./NÜSSLE, W.: Congruence between the indicative and communicative functions of eye contact in interpersonal relation. In: British J. of Social and Clinical Ps. 7, 1968

LAUSBERG, H.: Handbuch der literarischen Rhetorik. 2 Bände. München 1960

LOTZMANN, G. (Hrsg.): Sprechangst in ihrer Beziehung zu Kommunikationsstörungen (Logotherapie 2). Berlin 1986

MEHRABIAN, A.: Nonverbal Communication. Chicago 1972

OTTO, G.: Predigt als Rede (Urban-Taschenbuch 628). Stuttgart 1976

PLETT, H. F. (Hrsg.): Rhetorik. München 1977

QUINTILIANUS, M. F.: Lehrbuch der Redekunst, 10. Buch. Institutio oratoria X (RUB 2956/57). Stuttgart 1974

RECLAM, M./MIDDERHOFF, J.: Elemente der Rhetorik. München 1979

La ROCHE, W. von: Einführung in den praktischen Journalismus. München 1985

ROGERS, C. R.: Die klientzentrierte Gesprächspsychotherapie (Geist und Psyche. Kindler Taschenbücher 2175). München 1978

ROGERS, C. R.: Die nicht-direktive Beratung (Geist und Psyche. Kindler Taschenbücher 2176). München 1981

SCHERER, K. R.: Vokale Kommunikation. Weinheim 1982

SCHERER, K. R./WALLBOTT, H. G.: Nonverbale Kommunikation. Weinheim 1984

SCHULTZ, J. H.: Autogenes Training. Stuttgart 1982

SCHWÄBISCH, L./SIEMS, M.: Anleitung zum sozialen Lernen für Paare, Gruppen und Erzieher (rororo-Sachbuch 6846). Reinbek 1974

TACITUS, P. C.: Dialogus de oratoribus. Dialog über den Redner (UTB 7700). Stuttgart 1981

TAUSCH, R./TAUSCH, A.: Gesprächspsychotherapie. Göttingen 1981

TEUCHERT, B.: Lampenfieber in der Fachliteratur oder: Der Rest ist Schweigen. In: Zs. sprechen, I/1984

TEUCHERT, B.: Wer fragt, führt. Zur Methodik von Fragetechniken. In: Zs. sprechen II/1985

TOULMIN, St.: Der Gebrauch von Argumenten. Königstein 1975

WATZLAWICK, P./BEAVIN, J.H./JACKSON, D. D.: Menschliche Kommunikation. Formen, Störungen, Paradoxien. Stuttgart 1984

WITTSACK, R.: Lerne reden. Leipzig 1935

9
Stichwortverzeichnis

Abhakeffekt 110
Ad-personam-Technik 163
AIDA-Formel 107
Akzent
  dynamischer 50
  melodischer 52f
  temporaler 51f
Akzentuierung 50f
Allusion 142
Alternativfrage 214
Antike Redegliederung 103
Antike Rhetorik 101
Antithese 142
Argumentation 104,106,111,
119,155f,157f
Argumentationsfiguren 157f
Argumentationsschritte 119
Argumentative Kurzrede 119f
Argumentationsziele 167f
Aristoteles 103
Artikulation 48f, 97
Artikulationsschärfe 49, 51
Assimilationseffekt 110
Assoziatives Gespräch 174
Atmung 63, 64, 67f
Auditiver Kanal 24, 45f
Auftreten 34f
Aussprache 48f

Beispiele 92
Beobachtungsbogen:
  Nonverbales Verhalten 73f
  Redeanalyse 151f
Beratungsgespräch 233f
Beruhigungseffekt 110
Berührung 41, 43f
Besprechung 175f, 177f, 185f
Betonung 50f, 97f

Beziehungsebene 222, 243f
Bilanzmethode 200
Blackout 61f
Blickkontakt 39f, 55
Brustton 48, 98

Captatio benevolentiae 109
Chiasmus 141
Cicero 59, 103

Deduktiver
Argumentationsaufbau 82
Detailgliederung 119f
Detaillierung 157f
Detaillierungsfrage 215
Dialekt 48f
Dialektik 195f
Direkte Frage 211, 212f
Direktives
Gesprächsverhalten 219f
Diskussion 173f
Diskussionsleitung 177f, 189f
Disposition 101f
Distanz-Zonen 43f, 56
Diversion 162f
Doppelsinn-Frage 217f
Dynamischer Akzent 51

Einfachheit des Ausdrucks 85f
Einleitung 104, 127f
Emotionale Argumentation 161f
Engagement 50, 57, 198
Engagiertes Zuhören 221f
Entspannung 35f, 48
Entspannungs-Training 35f, 63f
Evidenz-Suggestion 159
Exordium 104
Extrem-Alternativen 160

Fachwortgebrauch 85f
Faktische Argumentation 157f
Feedback 237f
Fragetechniken 211f
Freies Sprechen 135f
Fremdwort-Gebrauch 85, 86f
Fünf-Satz-Modelle 119f

Gegenargumente 111
Gegenfrage 214f
Geschlossene Frage 211f
Gesichtsausdruck 39f, 55
Gespräch 173f
Gesprächs-
Abschluß 178
Analyse 253f
Anlaß 177, 179
Beobachtung 253f
Eröffnung 177
Gattungen 173f
Leitung 189f
Planung 177, 179f
Verantwortlicher 190
Verlauf 178
Vorbereitung 177
Gestik 36f, 55f
Glaubwürdigkeit 48, 50
Gliederung 81, 101f
Grobgliederung 113f

Haltung 34f
Hard news 118
Hauptakzent 53, 98
Hauptsprechtonbereich 46f, 98
Heiserkeit 46f
Hörerbezug 91f
Hyperbel 142

Indifferenzlage 46f
Indirekte Frage 211, 215f
Informationsauswahl 91f
Informationsfrage 212
Informative Gespräche 173
Informative Kurzrede 117f
Informative Rede 77, 136
Interaktions-Soziogramm 255f
Interesseweckung 91f
Interview 231f
Intonation 50, 52f

Ja-aber-Technik 163

Kinesik 24, 33f
Klärendes Gesprächs- 220f
verhalten
Klimax 142
Kognitive Konsonanz/
Dissonanz 110
Kommunikation 5, 6, 16, 17
nonverbal, nichtsprachlich 22f
taktile 41, 43f
verbale 22, 23, 25
Kommunikationsstile 249f
Kompromiß-Methode 203
Konferenz 183f
Konferenz-
Abschluß 186
Eröffnung 185
Leitung 183f
Teilnehmer 187
Konfliktregelung 207f
Kongreßmethode 200f
Konkretheit der Sprache 87f
Kontrasteffekt 110
Kontrollierter Dialog 225f
Kooperative
Argumentation 167, 169
Körperhaltung 28, 33f, 198
Körperliche
Kontaktaufnahme 43f, 55f
Körperorientierung 41, 56
Körpersprache 24, 33f, 246
Kreuzstellung 143
Kritik-Gespräch 237f
Kurzinformation 117f
Kurzrede 117f

Lampenfieber 16, 47, 59f, 69
Lautstärke 50f
Lügen 26, 39

Manipulation 155f
Manuskript 135f
Meinungsinterview 231f
Meinungsrede 105, 133
Melodischer Akzent 52f
Metapher 141
Mimik 38f
Mitverstehen 143

Moralische Argumentation 160f
Mundart 48f

Muskeltonus 35f

Nachrichten 117f
Nachwort 262
Narratio 141
Nebenakzent 53
Nervosität 47, 65, 69
Non-direktives
Gesprächsverhalten 219f
Non-direktives Interview 231f
Nonverbale Kommunikation 22f

Objektivierungsfrage 215f
Offene Frage 211f
Overhead-Projektor 93f

Paradox 142
Paraphrasieren 222
Partner-orientierte
Gespräche 173, 229f
Pause 52
Periphrase 142
Peroratio 104
Persuasive Disposition 109
Persuasive Gespräche 173
Persuasive Rede 77
Plausibilitäts-
Argumentation 159f, 170
Problemlösungsgespräch 207f
Prolepsis 142
Propositio narratio 104
Prosodik 24, 45f
Protokoll 184f
Proxemik 24, 41f

Raffung 142f
Rationale Argumen-
tation 157f, 170
Raum 4
Räumliches Verhalten 24, 41f
Räuspern 48
Rede 77f
Rede-
   Analyse 151f
   Aufbau 101f
   Beginn 127f

Beobachtung 151f
Einstieg 127f, 131
Gattungen 77f
Gliederungen 101f
Modelle 119f
Schema 101f
Schluß 103f, 114, 133f
Schritte 103f, 113
Stil 85, 141f
Ziel 105
Referat 113
Rhetorik:
   Bedeutung 15f
   Definition 15f
   Ziel 5f, 15f
Rhetorische Frage 142, 218
Rhetorische Schulung 5, 16, 29
Rhetorische Stilmittel 141f, 218
Roter Faden 62, 82

Sachgespräch 175f, 190f
Sachinformation 114
Sach-orientierte
Gespräche 173f
Sachvortrag 113f
Satzbau 85f
Satzlänge 85f
Schaubilder 158f
Schauspielermethode 202
Scheinwiderspruch 143
Scheinzustimmung 163f
Schlagfertigkeit 141, 143
Schönrednerei 15
Schriftdeutsch 48f
Schriftliche Belege 158
Schuld-Methode 201f
Senfkornmethode 201
Sicherheit 65
Situative Rede 77
Situationsbezug 91f
Situative Gespräche 173
Sitzordnung 41, 42, 184
Sitzposition 41f
Soft news 118
Soziogramm 255f
Spannung 35, 48, 57, 69, 198
Spannungsregulierung 35f, 198
Sprachlicher Ausdruck 79
Sprachliche Gestaltung 92

273

Sprechangst 59f
Sprechatmung 63f, 67f
Sprechdenken 37, 62, 147f
Sprechgeschwindigkeit 50, 51f, 97, 197
Sprechhemmungen 59f
Sprechmelodie 50, 52f
Sprechpausen 52f
Sprechstil 85f, 141f
Sprechweise 97f
Standardaussprache 49f
Statistik 158f
Stichwortkonzept 115, 135f
Stil 141f
Stilmittel 92, 141f
Stilfiguren 141f
Stimme 45f
Stimm-
  Ausdruck 45f
  Höhe 46f, 56, 98
  Lage 46f, 51, 56, 98
  Probleme 46f
  Senkungen 98
  Störungen 46f
Stimulierungsfrage 217
Strategische
Argumentation 167f
Streß 60f
Strukturiertes Gespräch 174
Strukturiertes Sprechen 125
Strukturierungsbeitrag 176
Strukturierungsphase 177, 179f
Suggestivfrage 214, 217
Synekdoche 142

Tabellen 158f
Taktiler Kanal 24, 43f
Taktische
Argumentation 162f, 170
Technische Hilfsmittel 93f, 184
Temporaler Akzent 51f
TZI 243f
Überzeugung (Brustton) 48
Umwandlungsfrage 218
Unsicherheit 59f

Variabilität der Betonung 50, 98
Vergleiche 92, 123
Verhandlung 173f, 195f

Verhandlungs-
  Führung 196f
  Methoden 199f
  Rede 109
  Strategien 195f
Verschiebungsmethode 202
Verspannung 35, 48, 57, 69, 198
Verständlichkeit 50, 79f, 102
Vierstufenmethode 200
Visuelle Hilfsmittel 93f
Visueller Kanal 24, 33f
Voraussetzungsfrage 216
Vorhalt 143
Vorstruktuierung 177, 179f, 185f
Vorwegnahme 162

Wahrheit 17
Weiterbildung 260f
Widerspiegeln 222
Wiederholung 142, 198
Wirkungsakzent 141f

Zuhören 26f, 47f, 91, 221f, 225
Zusammen-
fassung 83f, 111, 114, 180, 193f
Zustimmungs-Kette 159f
Zwecksatz 109, 111, 119, 133f
Zwischenzusammen-
fassung 180

Notizen

Notizen

Notizen

Notizen